Ma grand-mère DISAIT TOUJOURS ÇA…

REMERCIEMENTS
Brigitte Bulard-Cordeau remercie Catherine Delprat,
qui a mis à contribution tous ses parents et amis pour retrouver
nombre d'expressions de grand-mère,
Agnès Dumoussaud, Maud Rogers et toute l'équipe de fabrication,
car pour réaliser ensemble ce livre, *Ma grand-mère disait toujours ça…*,
il a fallu « avoir du gingin » mais surtout pas
« les deux pieds dans le même sabot ».

DIRECTION DE LA PUBLICATION
Isabelle Jeuge-Maynart et Ghislaine Stora

DIRECTION ÉDITORIALE
Catherine Delprat

ÉDITION
Maud Rogers et Agnès Dumoussaud

CRÉATION GRAPHIQUE ET MISE EN PAGES
Claire Morel Fatio

COUVERTURE
Claire Morel Fatio

FABRICATION
Donia Faiz

ISBN 978-2-03-593978-4

Brigitte Bulard-Cordeau

Ma grand-mère DISAIT TOUJOURS ÇA...

Fées du logis, cordons bleus, infirmières, ménagères...
nos grands-mères ont tant à nous apprendre !

LAROUSSE

SOMMAIRE

LES ALÉAS DE LA VIE

CHAPITRE 1

La chance

La fatalité

L'infortune

1. LA CHANCE

« A-t-il de la chance ? », s'enquerrait toujours Napoléon avant d'engager un soldat dans ses troupes… Souvent innée, la chance peut aussi être provoquée, notamment en cas de malheur. On y croit dur comme fer, il faut sortir de l'enfer, c'est ce qu'on appelle la résilience.

PROVERBES

« L'or s'épure au feu, l'homme s'éprouve au creuset du malheur. »

« Ce qui ne tue pas rend plus fort. »

« À quelque chose malheur est bon ! »

Le malheur porte en lui les germes d'un bonheur futur.

À L'ORIGINE. La Bible enseigne que « le malheur développe l'intelligence ». Au Ier siècle av. J.-C., le poète latin Ovide écrit : « L'infortune souvent éveille le génie. » Énorme consolation ! On retrouve cet état d'esprit dans les *Fables* de la Fontaine avec « Le Mulet se vantant de sa généalogie » : « Quand le malheur ne serait bon / Qu'à mettre un sot à la raison / Toujours serait-ce à juste cause / Qu'on le dit bon à quelque chose. »

AUJOURD'HUI. Les épreuves sont inévitables. De ces moments cruels et décourageants s'extirpe une force incroyable qui nous rend combatifs. Cette volonté permet d'apprécier autrement la suite des événements. Prêt pour une nouvelle tranche de vie ?

LA PART DE SAGESSE. Lorsque le ciel nous est tombé sur la tête, il faut apprendre à ressurgir. Le malheur nous endurcit, nous fait grandir, relativiser. C'est ce concept de la résilience que décrit et analyse le célèbre psychiatre Boris Cyrulnik.

MA GRAND-MÈRE DISAIT ÇA, AUSSI

« Il n'y a pas de grand malheur qui n'ait son petit bien. »

MA GRAND-MÈRE DISAIT ÇA, AUSSI

« La fortune appartient à ceux qui se lèvent tôt. »

« L'avenir appartient à ceux qui se lèvent tôt. »

« Le monde appartient à ceux qui se lèvent tôt »

Se lever dès potron-minet donne du pouvoir.

À L'ORIGINE. L'expression aurait été formulée par Willy, le mari de l'écrivain Colette, journaliste mondain répondant au nom de Henry Gauthier-Villars. La phrase prenait tout son sens au XIXe siècle. À l'époque, on ignorait la lumière électrique. Se lever avec le soleil permettait aux ouvriers de travailler toute la journée et ce, jusqu'à la tombée de la nuit. En travaillant plus, ils gagnaient plus que les « lève-tard ».

AUJOURD'HUI. Le tout récent best-seller *Miracle Morning* de l'Américain Hal Elrod, paru aux éditions First, remet au goût du jour cette expression populaire, car l'auteur propose un « supplément de vie » d'une à deux heures. Un réveil matinal permet d'avoir du temps rien que pour soi. Méditer, faire du sport, se cultiver, se faire plaisir en un mot… L'énergie que suggère cette coutume matinale donne l'impression jubilatoire que le monde est à nous.

« Être né coiffé »

Naître avec la chance et la fortune.

MA GRAND-MÈRE DISAIT ÇA, AUSSI

« Être né avec une cuillère en argent dans la bouche. »

À L'ORIGINE. La croyance remonte à l'Antiquité. Elle fait référence à certains nouveau-nés qui arrivent au monde dans la poche de liquide amniotique, appelée chirion. Cette membrane, quelque peu épaisse, recouvre le crâne et donne l'impression que le bébé est né avec un bonnet posé sur la tête ! Le nourrisson est hors de danger : cette coiffe est un signe de santé et de force. Elle était considérée autrefois comme la garantie d'une vie heureuse. L'expression a été attestée en 1549. Dans *L'Intermédiaire des chercheurs et curieux*, Charles Read écrit en 1868 : « César est positivement né coiffé, et l'on sait sa bonne fortune aussi bien que ses bonnes fortunes. »

AUJOURD'HUI. Cette expression, qui n'est guère en usage, s'applique aux personnes bien nées qui cumulent chance et fortune. Un pléonasme, en quelque sorte, si on se réfère au latin *fortuna*, qui veut dire « chance ».

À TRAVERS LA LITTÉRATURE

« Aux âmes bien nées, la valeur n'attend pas le nombre des années. »

LE CID, CORNEILLE, 1637

« Verre blanc cassé, bonheur obligé »

Casser un verre blanc porte bonheur.

À L'ORIGINE. Cette expression a valeur de dicton. Il s'agit d'une superstition qui n'a ni âge ni racine. Elle a le pouvoir d'intriguer et semble aussi vraie et incontestable qu'une parole d'évangile. Si on casse un verre blanc, s'ouvre la route du bonheur, lequel devrait être assuré pour une durée de sept années. Attention ! Il est bien mentionné que si ce verre est brisé, c'est par maladresse et non parce qu'on l'a fait exprès. Il ne doit pas non plus avoir été l'objet funeste et fracassé pendant une scène de ménage !

AUJOURD'HUI. Cette expression n'a pas vieilli et la croyance est restée tout aussi inébranlable. Mais on l'utilise surtout en guise de consolation. Cela ne fait guère plaisir de briser un verre et de ramasser les morceaux, ou de détériorer un objet auquel on tenait particulièrement, comme un beau verre en cristal Saint-Louis du service de mariage. La deuxième partie de l'expression, « bonheur obligé », fait inévitablement oublier cette malchance. À l'inverse, on dit : « Miroir brisé, sept ans de malheur ! »

MA GRAND-MÈRE DISAIT ÇA, AUSSI

« Verre blanc cassé, sept ans de bonheur ! »

2. LA FATALITÉ

Est-ce vrai qu'il ne faut pas chercher midi à quatorze heures quand les carottes sont cuites ? Jacques le Fataliste, personnage de Diderot, estime que « tout ce qui arrive de bien et de mal ici-bas est écrit là-haut ». Et comme on n'a qu'une vie, autant faire avec et en profiter !

MA GRAND-MÈRE DISAIT ÇA, AUSSI

« Les chiens ne font pas des chats. »

« La pomme ne tombe jamais loin de l'arbre »

On ne saurait renier ses origines.

À L'ORIGINE. Ce proverbe reflète la justesse de l'observation populaire qui restitue les faits et les choses tels qu'ils se manifestent. On visualise parfaitement la chute d'une pomme. Contrairement à d'autres fruits plus légers, tels les glands ou les nèfles qui voltigent à des dizaines de mètres, entraînés par le vent, la pomme, lourde et dure, tombe à la verticale. Juste au pied du pommier. Son arbre, son géniteur.

AUJOURD'HUI. Ce proverbe est très imagé car il évoque le pommier en tant que végétal et suggère l'arbre généalogique. Cela souligne l'intérêt de la génétique et l'influence de l'ascendant sur nos vies. En recherchant ses racines et en découvrant ses ancêtres, on acquiert plus de stabilité, on s'éparpille moins. Sans doute est-ce plus facile pour se comprendre soi-même.

LA PART DE SAGESSE. On ne s'éloigne guère du nid familial, en pensée tout du moins, et on reproduit inconsciemment les faits et gestes de nos parents, perpétrant la tradition.

« Les carottes sont cuites »

On ne peut plus rien faire.

À L'ORIGINE. Jadis, les carottes étaient un aliment réservé aux pauvres. Il suffisait de les arracher au potager et de les faire cuire dans l'eau bouillante pour se nourrir. Cela n'était donc pas ruineux, c'était bien moins cher que les carottes crues assaisonnées de vinaigrette, l'huile et le vinaigre étant onéreux. Quant aux carottes cuites, servies sans sauce, sans viande ou autre accompagnement, elles étaient le signe que les caisses étaient vides. On ne saurait faire moins !

AUJOURD'HUI. Cette expression n'est pas forcément adaptée diététiquement, mais elle perdure. Les carottes ont une tout autre renommée. Crues ou cuites, on les apprécie pour leur goût, leur croquant, et on les consomme pour le carotène qui donne bonne mine en hiver, lorsque l'on manque de soleil. On en propose même très vite aux bébés.

MA GRAND-MÈRE DISAIT ÇA, AUSSI

« La bouillie est cuite. »

« Avoir utilisé toutes les ficelles. »

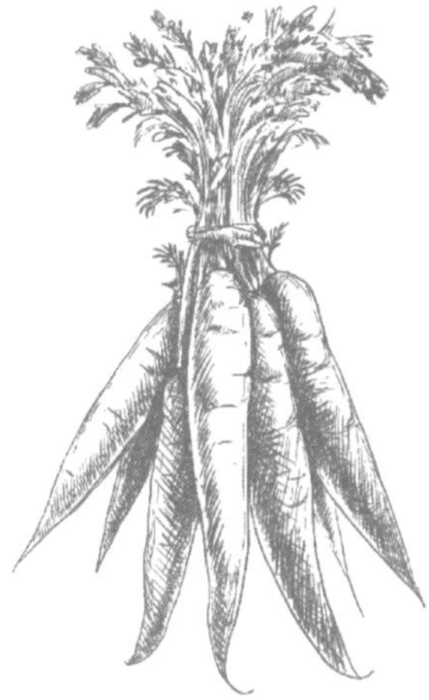

« C'est la fin des haricots »

Il n'y a plus la moindre raison d'espérer.

À L'ORIGINE. L'expression date du XXe siècle. Pendant les jeux d'argent, les gens peu fortunés constituaient la mise à base de haricots. Un système D qui s'est transmis puisque les enfants, qui jouent à la marchande, utilisent des haricots secs pour s'acquitter de leurs achats. S'il n'y a plus de monnaie, symboliquement, c'est la « fin des haricots » : les dés sont jetés, le jeu est terminé. Idem au potager, au sens propre, cette fois. Les haricots, verts ou jaunes, poussent en abondance. Cela évite de s'arracher les cheveux pour ébaucher le menu du jour. Une véritable manne ! Mais lorsque la saison s'achève, c'est la galère. Dans les foyers où le budget est restreint, par quoi remplacer les haricots ?

MA GRAND-MÈRE DISAIT ÇA, AUSSI

« Manger de la vache enragée. »

L'HUMOUR POUR LE DIRE

C'est difficile de remplacer les haricots quand on n'a plus un radis.

AUJOURD'HUI. L'hiver comme l'été, on peut manger des haricots verts ou « beurre », frais ou secs, ou congelés. On les apprécie pour leur goût et pour leurs qualités alimentaires, ils sont riches en vitamine C et en fibres. L'expression n'a plus vraiment de sens, mais elle perdure, bien commode et imagée pour dire que « tout est fini ».

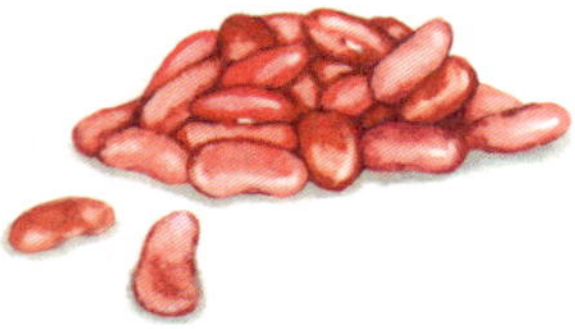

« On ne fait pas d'omelette sans casser d'œufs »

On ne réussit rien sans risques et sacrifices.

À L'ORIGINE. Au XVIIIe siècle, la locution « faire une omelette » signifiait « casser des choses fragiles ». Elle a ensuite évolué vers le mode négatif : « On ne fait pas d'omelette. » Enrichie de « sans casser d'œufs », elle a une portée philosophique sinon moralisatrice. Autrement dit il faut se donner du mal pour réussir. Et la voie du succès est semée d'embûches.

AUJOURD'HUI. Les erreurs, les digressions, les pertes d'argent, le travail laborieux... Dans la pensée positive, cela fait partie de la logique des choses. On n'échappe pas aux étapes nécessaires et difficiles pour atteindre son but.

LA PART DE SAGESSE. Apprendre, quel que soit l'âge, entreprendre, créer, fabriquer, tout cela ne se fait pas d'une manière rectiligne. Pour concilier travail et vie de famille, on doit faire des concessions. Surviennent alors des maladresses qui grippent les rouages du train-train habituel et brisent la coquille du cocon.

MA GRAND-MÈRE DISAIT ÇA, AUSSI

« Il n'y a pas de rosier sans épines. »

« On n'a jamais rien sans rien. »

« On ne fera jamais d'un âne un cheval de course »

Il faut savoir évaluer les dons et les limites de chacun.

À L'ORIGINE. L'âne n'était guère considéré dans les campagnes. C'était « le cheval du pauvre ». Il s'en allait sur les chemins, le dos chargé de quintaux de sel ou de farine. Alors sa lenteur est devenue légendaire. Un cheval de course atteint plus de 60 kilomètres à l'heure, l'âne marche et ne court pas. Ce qui fait toute la différence, c'est que le jockey qui monte le cheval ne dépasse pas les 50 kilos.

AUJOURD'HUI. L'expression se perd et a moins de pertinence. On a fini par alléger et anoblir la tâche de l'âne grâce à l'agriculture biologique. On a recours à sa force tranquille. On ne lui demande pas d'arriver le premier mais de bien faire son travail.

LA PART DE SAGESSE. Une ambition démesurée est toujours déplacée. À chacun son rôle !

MA GRAND-MÈRE DISAIT ÇA, AUSSI

« À chacun son métier et les vaches seront bien gardées ! »

« Laisse, ça ne tombera pas plus bas ! »

On ne peut faire pire.

À L'ORIGINE. Cette expression était utilisée alors que les maisons étaient construites sur un sol en terre battue. Ce qui donnait l'impression que la terre était basse. Pour les femmes qui avaient la charge du ménage et autres corvées quotidiennes, se baisser demandait un effort supplémentaire. Et si elles faisaient tomber un objet, inutile de se précipiter pour le ramasser et se fatiguer davantage.

MA GRAND-MÈRE DISAIT ÇA, AUSSI

« Mon Dieu, que la terre est basse ! »

AUJOURD'HUI. Cette expression, qui au premier abord semble banale, vise à nous rendre conscients de nos capacités. Cela nous rappelle à l'ordre et nous met en garde. Il faut connaître ses limites.

LA PART DE SAGESSE. Pourquoi aller au-dessus de nos forces ? C'est peine perdue que de s'opposer à la destinée. On ne peut s'acharner contre ce qui est écrit. Une fois les limites franchies, tout s'oppose à ce que l'on aille plus loin.

« Faut pas chercher midi à quatorze heures »

Inutile de se compliquer la vie.

À L'ORIGINE. L'expression date du XVIIe siècle. Elle révèle l'absurdité d'un raisonnement lorsque l'on ne veut pas voir la simplicité des choses. On s'interroge sur le chiffre 14, lequel ne figure pas sur les horloges. Est-ce bien raisonnable ? Cependant, il ne s'agit pas d'une exagération ni même d'une invention. À Arnaga, demeure d'Edmond Rostand située à Cambo-les-Bains, dans le pays basque, il existe une pendule qui a toujours sonné midi à quatorze heures. C'était un acte relativement discret et perfide de la part de l'écrivain, qui avait réglé lui-même l'horloge afin de ne pas devoir retenir les visiteurs à déjeuner. Déjà l'après-midi !

MA GRAND-MÈRE DISAIT ÇA, AUSSI

« Pourquoi faire simple quand on peut faire compliqué ? »

« Chercher la petite bête. »

AUJOURD'HUI. On utilise cette phrase lorsqu'on trouve des réponses alambiquées à une question pourtant simple, claire comme de l'eau de roche ! Car l'heure, c'est l'heure, inutile de digresser. Mais on échafaude, on suppute, on invente et on complique les choses. En vain.

LA PART DE SAGESSE. Il faut voir les choses telles qu'elles sont sans les déformer.

« Ne jamais dire fontaine je ne boirai pas de ton eau »

On ne peut jurer qu'un jour on ne fera pas telle ou telle chose.

À L'ORIGINE. La fontaine n'existant que pour donner de l'eau, élément vital pour le monde vivant, elle symbolise précisément la vie. On ne peut renier ce que l'existence nous apporte comme imprévus ou désagréments qui finissent par nous faire changer de cap... Les enfants ont souvent des idées arrêtées, jamais ô grand jamais ils ne voudraient être militaires, fonctionnaires, bibliothécaires, habiter à la campagne, se marier avec un plus petit que soi… Et puis la vie en décide autrement.

AUJOURD'HUI. Cette locution proverbiale a une valeur éducative. On n'est pas seul à dessiner le parcours de notre existence. Il arrive que l'on exerce un métier à l'opposé de ce que l'on souhaitait. Un jour, pourtant, on exécute sans difficulté et de bon cœur ce pour quoi on croyait ne pas être doué ou intéressé.

LA PART DE SAGESSE. Des éléments extérieurs et inévitables s'opposent à notre parcours, que l'on croyait tiré au cordeau, mais on a dû changer de route, s'adapter, évoluer... et c'est bien ainsi.

« Ça ne mange pas de pain »

Ça ne coûte rien de faire cela.

À L'ORIGINE. La référence au pain est ancienne. Elle a marqué les esprits depuis la Cène, dans l'Évangile, où le Christ partage le pain et le multiplie. Depuis, il a une valeur sacrée. Autrefois, dans certaines familles, on devait esquisser à l'aide d'un couteau une croix sur la croûte avant de l'entamer et de le couper en tranches.

MA GRAND-MÈRE DISAIT ÇA, AUSSI

« Ça n'engage à rien ! »

À TRAVERS LA LITTÉRATURE

« Il ne faut jurer de rien. »

ŒUVRE D'ALFRED DE MUSSET, 1836

Le pain est considéré comme une nourriture de valeur. « Ça ne mange pas de pain » veut dire que cela ne représente ni effort ni frais.

AUJOURD'HUI. Les expressions qui font référence au pain sont toujours utilisées. Car cet aliment est au cœur des repas quels que soient la religion, les croyances, l'ethnie, l'âge. Il fait partie du quotidien et il est la base de l'alimentation.

« On n'a qu'une vie »

Profitons-en !

À L'ORIGINE. Le mot « vie » est souvent utilisé dans notre langage car l'existence est notre plus grand questionnement sur terre. On dit : « À la vie à la mort » lorsqu'on aime quelqu'un, « C'est la vie ! » quand on est un peu déçu, et « On n'a qu'une vie » lorsqu'on réalise combien il faut profiter des moments de joie et de plaisir. D'autres peuvent concevoir que nous avons une seconde vie après la mort. On dit aussi que l'on mène une « double vie », notamment si l'on a deux amours.

AUJOURD'HUI. On pense que le chat a neuf vies, ce qui est énorme. Et on se plaît à vivre comme un chat. On va d'un déménagement à l'autre, d'un amour à l'autre, d'une ville à l'autre, d'un voyage à l'autre, on s'octroie avec bonheur une nouvelle vie. L'existence est plus riche, l'emploi du temps bien rempli. On oublie son antagoniste, la mort, à force de vivre chaque jour réellement. On a plusieurs vies, en somme, mais cela n'en fait qu'une sur terre. On peut donc s'autoriser quelques moments sucrés ou filous.

LA PART DE SAGESSE. Vivons chaque instant intensément.

MA GRAND-MÈRE DISAIT ÇA, AUSSI

« La roue tourne. »

3. L'INFORTUNE

« Tout va très bien, madame la marquise ! », chantent joyeusement Ray Ventura et ses Collégiens, bien que ce ne soit pas de l'humeur des voisins : ils sont dans de beaux draps et filent un mauvais coton. Ils n'ont plus que leurs yeux pour pleurer… Rien ne va plus !

« On est dans de beaux draps »

Nous sommes dans une situation critique.

À L'ORIGINE. Cette expression a valeur d'antiphrase. En temps normal, c'est un plaisir de dormir dans de beaux draps, alliant qualité et douceur. À l'époque médiévale, les vêtements étaient nommés « draps ». Au XVIIIe siècle, « être dans de beaux draps blancs » avait un tout autre sens. Cela signifiait être présenté avec tous ses défauts, car l'habit blanc était celui des personnes à qui l'on reprochait, par exemple, le péché d'adultère, ou qui avaient eu affaire à la justice.

AUJOURD'HUI. L'adjectif « blanc » a été occulté. Néanmoins, la phrase a conservé son sens négatif. En effet, elle désigne une situation fâcheuse, peu enviable, que ce soit la confrontation à de graves problèmes – une faillite, une vengeance, une inculpation – ou tout simplement à des ennuis ordinaires, comme une panne ou une coupure d'électricité.

MA GRAND-MÈRE DISAIT ÇA, AUSSI

« On est dans la mouise. »

« On est mal barrés. »

« Nous voilà bien ! »

« Ça sent le roussi ! »

À TRAVERS LA LITTÉRATURE

« On dit la vérité ou on solde l'affaire. Si on dit la vérité, vous êtes dans de sales draps : usurpation d'identité, je ne sais pas comment vous vous y êtes pris, mais vous êtes bons pour la taule. »

AU REVOIR LÀ-HAUT, PIERRE LEMAÎTRE, 2013

MA GRAND-MÈRE DISAIT ÇA, AUSSI

« On n'a pas avancé d'un pouce. »

« On est toujours dans la panade. »

« Être gros-jean comme devant »

Être dans la désillusion.

À L'ORIGINE. L'expression était utilisée au XVIIe siècle pour qualifier une personne déçue de ne pas avoir eu ce qui était escompté, à la suite d'une promesse non tenue. À noter qu'à cette époque la conjonction « devant », qui marque l'antériorité et signifie « avant », était déjà vieillie. Gros-Jean était un sobriquet donné aux personnes niaises et pas dégourdies pour un sou. Les exemples sont légion dans le registre des expressions populaires, où l'on cite Jean de Nivelle, Jean des Vignes, Jean Farine…

AUJOURD'HUI. Le prénom Jean a perdu sa connotation humiliante de simple d'esprit. Songez à Jean de la Fontaine, Jean Giono, Jean Cocteau, etc. Moins utilisé qu'au milieu du XXe siècle, où il faisait partie du top 100 national, il a retrouvé toute sa grandeur : on songe désormais à Jean d'Ormesson, de l'Académie française, Jean Pruvost, linguiste amoureux des mots, l'acteur Jean Dujardin…

À TRAVERS LA LITTÉRATURE

« *On m'élit roi, mon peuple m'aime ; / Les diadèmes vont sur ma tête pleuvant : / Quelque accident fait-il que je rentre en moi-même ; / Je suis Gros-Jean comme devant.* »

« LA LAITIÈRE ET LE POT AU LAIT », *FABLES*, JEAN DE LA FONTAINE, 1678

« Bon comme la romaine »

Mûr pour avoir des ennuis.

À L'ORIGINE. L'expression, apparue au XIXe siècle, se réfère à la romaine, une salade au goût agréable qui était alors considérée comme la meilleure. Elle désignait donc quelqu'un de doux, gentil, bienveillant et dénué de toute méchanceté, dont le seul défaut était d'être crédule. Cette faiblesse étant le meilleur moyen pour s'attirer des ennuis, cela signifiait être sujet à la malchance.

AUJOURD'HUI. On emploie désormais l'expression lorsque l'on commet une faute, comme le non-respect du Code de la route. Dans cette situation, on est bon comme la romaine, autrement dit on risque une amende.

LA PART DE SAGESSE. La bonté est une grande qualité pourvu qu'elle ne s'apparente pas à la naïveté la plus totale.

MA GRAND-MÈRE DISAIT ÇA, AUSSI

« Être bonne poire. »

« Rester sur le carreau »

Être délaissé et ne plus faire partie du groupe.

À L'ORIGINE. Au XIIe siècle, le carreau désignait un pavé de terre cuite couvrant le sol, puis, par la suite, l'ensemble des pavés. « Rester sur le carreau » signifiait alors être laissé pour mort dans une habitation, gisant à terre. Au XVe siècle, on disait « être tué sur le carrel », c'est-à-dire dans la rue pavée de carreaux.

AUJOURD'HUI. L'expression est toujours en vigueur quoiqu'elle s'utilise dans un contexte moins dramatique, lorsqu'une personne se trouve délaissée.

LA PART DE SAGESSE. Plus élégamment, en politique, on déclare « ne pas laisser les gens au bord du chemin » pour indiquer qu'ils ne seront pas abandonnés. C'est plus champêtre, et jouer la main tendue vaut mieux que d'ignorer les laissés-pour-compte perdus dans la nature.

À TRAVERS LA LITTÉRATURE

« J'ai mis double charge de poudre, dit-il. Avec ça, l'animal reste sur le carreau ! »

LA GLOIRE DE MON PÈRE, MARCEL PAGNOL, 1957

MA GRAND-MÈRE DISAIT ÇA, AUSSI

« Se casser la binette. »

« Se casser la margoulette »

Se casser la figure. Tomber après un faux pas.

À L'ORIGINE. D'où vient ce mot, « margoulette » ? Il est composé de « mar », issu du normand « margane », qui signifie « mâchoire », et de « goulette », diminutif de « goule », qui renvoie à une petite gueule. Aussi, la margoulette est une image pour désigner l'intégralité du corps à deux doigts de la chute.

AUJOURD'HUI. Cette expression est toujours d'actualité, les plus maladroits en sont témoins.

À TRAVERS LA LITTÉRATURE

« Prenez garde de vous casser la margoulette dans les montagnes. Rapportez-nous vos personnes en bon état. »

CORRESPONDANCES, GUSTAVE FLAUBERT

« Être dans le pétrin »

Se trouver dans une situation inconfortable.

À L'ORIGINE. Au Ier siècle av. J.-C., la machine à pétrir était actionnée par un cheval. On en a la preuve grâce aux découvertes archéologiques faites sur la tombe d'Eurysacès, maître boulanger à Rome. Néanmoins, en France, c'était bel et bien grâce à l'huile de coude que l'homme pétrissait le pain, et ce, jusqu'au XVIIIe siècle. La pâte se trouvait dans un pétrin, sorte de coffre en bois. Mais celle-ci étant collante, il aurait été difficile de s'en extirper si par malheur on était tombé dedans.

AUJOURD'HUI. Être dans le pétrin, c'est tellement laborieux que l'on ne sait pas comment s'en sortir. L'invention de la machine à pain a été une délivrance pour les mitrons ! Et si l'image du pétrin est devenue surannée, cela n'empêche pas l'expression d'être toujours en vigueur.

LA PART DE SAGESSE. Cette expression, qui ne laisse pas vraiment entrevoir une lueur d'espoir, ne doit pas être prétexte à se laisser enliser comme dans des sables mouvants.

MA GRAND-MÈRE DISAIT ÇA, AUSSI

« Être dans une sacrée galère. »

« C'est la poisse ! »

« *Tomber en rideau* »

Tomber en panne.

À L'ORIGINE. L'expression fait référence au rideau rouge du théâtre qui tombe à la fin du spectacle, à la dernière réplique. Au cinéma, le tombé de rideau est remplacé par le célèbre « fin » qui figure en grosses lettres sur l'écran, signe que l'on peut lever le siège. Mais l'expression évoque une autre forme d'arrêt : la panne. La voiture qui n'avance plus ne marque-t-elle pas la fin du voyage ?

MA GRAND-MÈRE DISAIT ÇA, AUSSI

« Tomber en rade. »

AUJOURD'HUI. Cette expression est rarement utilisée à présent, bien que les pannes soient toujours fréquentes…

LA PART DE SAGESSE. L'opposé serait la déclaration de « moteur » au cinéma, qui indique le commencement d'une séquence face à la caméra. Un comble lorsque c'est le moteur de la voiture qui ne fonctionne plus.

« *Partir en eau de boudin* »

Mal tourner.

À L'ORIGINE. L'expression existe depuis le XVIIe siècle, elle a été employée par l'homme de lettres Antoine Furetière en 1690. L'eau de boudin existe bel et bien : il s'agit de l'eau dans laquelle a été lavé le boyau qui entoure le boudin avant sa fabrication. L'explication, proposée au XIXe siècle, a été soutenue par des linguistes tels Bescherelle et Littré. Cette eau souillée, impropre à la consommation et faisant mentir le dicton « Tout est bon dans le cochon », prouve à quel point le dépit est grand et la situation vouée à l'échec.

AUJOURD'HUI. L'expression figure encore dans notre langage familier. Certains se plaisent à évoquer la même idée de manière plus vulgaire, avec « partir en c... » Mais on ne comprend pas toujours pourquoi ça tourne mal.

« *On n'est pas sortis de l'auberge !* »

On n'est pas sortis d'affaire.

À L'ORIGINE. Les ennuis et difficultés se confondent avec l'auberge, car, dans l'argot des voleurs, ce mot correspond à la prison. Si cette dernière propose aussi le gîte et le couvert, c'est un lieu où les désagréments, humiliations et frustrations se succèdent à longueur de temps, d'autant que le prisonnier se trouve dans une situation dont il ne peut se dépêtrer.

AUJOURD'HUI. L'expression, courante et populaire, ne relève plus de l'argot, mais le sens est immuable : ce n'est pas la fin des ennuis.

MA GRAND-MÈRE DISAIT ÇA, AUSSI

« Un ennui peut en cacher un autre. »

« *Manger de la vache enragée* »

Être acculé à de nombreuses privations.

À L'ORIGINE. Au début du XVIIe siècle, on disait exactement « manger la vache enragée » pour désigner la consommation de cette viande malade, qui n'était évidemment pas une pièce de choix. L'expression indiquait par conséquent un état de pauvreté extrême, car

À TRAVERS LA LITTÉRATURE

« Les enfants doivent goûter de tous les plats, ne pas chipoter – sous peine d'être menacés d'avoir un jour à manger de la vache enragée. »

UN JEUNE HOMME EXCENTRIQUE, DANIEL GUÉRIN, 1965

la vache enragée, en principe, devait être tuée pour ne pas contaminer les humains ou les autres animaux.

AUJOURD'HUI. Manger de la viande malade est impossible dans nos pays où l'hygiène alimentaire, fortement réglementée dans les abattoirs, est une des conditions *sine qua non* du circuit de la consommation. Aussi, l'expression a désormais un autre sens : elle qualifie une personne particulièrement agitée, comme contaminée par la vache enragée.

LA PART DE SAGESSE. La privation ne doit pas exclure la notion d'hygiène, question de vie ou de mort. L'un des symptômes du virus de la rage étant la bave, dire que l'on risque d'« en baver » à être imprudent est tout à fait opportun.

MA GRAND-MÈRE DISAIT ÇA, AUSSI

« En baver. »

EN CHANSON

« Ah ce qu'on en a mangé
De la vache enragée
Ah ce qu'on s'en est gavé
De la vache enragée [...]
Venez voir comme c'est bon
Faut pas faire les avares
Faut que tout le monde ait sa part. »

« LA VACHE ENRAGÉE », *CHANSONS DÉCADENTES ET FANTASMAGORIQUES*, BRIGITTE FONTAINE, 1966

« *Faire tintin* »

Être frustré.

À L'ORIGINE. L'expression est citée dès 1509 par Wartburg, mais on trouve trace de « tintin » en tant qu'onomatopée dès le XIIIe siècle. Celle-ci renvoyait au bruit d'objets métalliques, comme des pièces de monnaie, sonnant les uns contre les autres. De là à évoquer le tintouin, le tintamarre, il n'y a pas loin, car « tintin » vient du latin *tintinare*, « tinter ». « Faire tintin » a alors pris le sens de payer en pièces sonnantes. Au début du XXe siècle, en argot, « tintins » signifiait « monnaie ».

AUJOURD'HUI. L'expression est utilisée de nos jours, mais elle a pris un autre sens au cours du XXe siècle : elle est synonyme de frustration et de privation, sans doute en raison des pièces que l'on peut entendre dans la poche du passant sans pouvoir les atteindre. En revanche, elle n'a rien à voir avec le personnage de bande dessinée créé par Hergé, lequel ne s'est pas privé en faisant Tintin.

LA PART DE SAGESSE. Faire tintin a le mérite de faire sourire, c'est beaucoup plus mignon à dire à sa famille, ses enfants, que de parler directement de privations.

À TRAVERS LA LITTÉRATURE

« S'obstiner à pleurer sur sa ruine, c'est préparer un mauvais mortier pour la reconstruction. »

CHEMIN FAISANT, ANNE BARRATIN, 1894

« N'avoir plus que ses yeux pour pleurer »

Être totalement démuni.

À L'ORIGINE. Il ne reste plus qu'à pleurer lorsque l'on a tout perdu et que tout se dégrade dans notre existence. Sangloter est la seule chose que l'on peut faire, et ce sont nos yeux qui sont sollicités. On s'aperçoit alors de leurs fonctions multiples. Voir, admirer, contempler, s'extasier, communiquer, mais aussi pleurer. Un acte qui peut être aussi positif que négatif : pleurer de joie ou avoir du chagrin. Pleurer ne fut-il pas un métier pour les pleureuses ?

AUJOURD'HUI. L'expression est encore populaire, utilisée dans le même sens qu'autrefois.

LA PART DE SAGESSE. Quand les yeux sont fatigués de pleurer, il convient de tourner la page et de lire une nouvelle histoire avec des yeux tout neufs.

EN CHANSON

« Aujourd'hui qui pleure, chantera demain. »

« LA VIE C'EST LA VIE », *RÉVÉRENCE*, HENRI SALVADOR, 2006

LA VIE QUOTIDIENNE

CHAPITRE 2

La maison

À table et en cuisine

L'argent

1. LA MAISON

Regagner ses pénates, c'est peinard. Il est reposant de se retrouver entre ses murs, constater qu'il y a une place pour chaque chose, chaque chose à sa place, vérifier – tiens tiens tiens – s'il y a une araignée au plafond. Et pour la suite des événements, attention, les murs ont des oreilles !

MA GRAND-MÈRE DISAIT ÇA, AUSSI

« Revenir au bercail. »

« Regagner ses pénates »

Rentrer à la maison.

À L'ORIGINE. Dans *L'Énéide* (écrit de 29 à 19 av. J.-C.), Virgile évoque l'épisode durant lequel Énée et son père Anchise fuient la ville de Troie gagnée par le feu : « Je suis le pieux Énée qui emporte dans ses vaisseaux ses Pénates arrachés à l'ennemi. » « Pénates » est issu du latin *penates*, qui désigne les dieux du foyer et leurs effigies, et a pour origine *penus*, le « garde-manger ».

AUJOURD'HUI. L'expression est encore utilisée bien qu'elle s'inscrive dans un langage vieilli. Et si la dimension divine n'est plus actuelle, les pénates renvoient toujours au foyer, à la chaleur de la maison. On peut également dire « retourner à ses pénates ».

À TRAVERS LA LITTÉRATURE

« Je regagne mes pénates. Je rentre dans mes lares. »

DICTIONNAIRE DES IDÉES REÇUES, GUSTAVE FLAUBERT, 1913

LA PART DE SAGESSE. On entendrait presque « peinard » dans « pénates »... Est-ce un hasard ? Hormis les réalités de la langue française, dont on reconnaît les variations historiques, on peut considérer cette assimilation des sons comme logique, car c'est tout à fait authentique : en regagnant son chez-soi, on décompresse. Pantouflard, peinard !

« Une place pour chaque chose et chaque chose à sa place ! »

On ne bouscule pas l'ordre des choses.

À L'ORIGINE. Cette expression est de Samuel Smiles, un auteur écossais connu pour son best-seller *Self-Help* (1859), dont la traduction exacte est la suivante : « Une place pour tout et tout à sa place. » On croirait entendre un enseignement militaire. Tout doit être organisé, ordonné ; on ne dérange pas l'ordre établi. Loin de déplaire à nos grands-mères, cette expression sur la phobie du désordre est devenue leur adage préféré.

AUJOURD'HUI. Cette expression remporte toujours un grand succès. Elle remet les idées en place et s'impose dans le quotidien. Elle vaut pour l'aménagement de la maison et le rangement. Quoi de plus logique ? On ne met pas le lave-vaisselle dans le salon ni le lit dans la cuisine, car cela provoquerait un dysfonctionnement certain. De fil en aiguille, cette expression qui impose que chaque chose soit à sa place est devenue valable pour l'ordre social. À chacun son poste dans le monde du travail ! Soit la meilleure philosophie pour ne pas marcher sur les plates-bandes d'autrui.

MA GRAND-MÈRE DISAIT ÇA, AUSSI

« On ne mélange pas les torchons et les serviettes. »

LA PART DE SAGESSE. Cet adage à appliquer au quotidien, presque une hygiène de vie, vise au gain de temps et à la sérénité. Toutefois, les artistes et les écrivains se complaisent dans un « fouillis ordonné » qui stimule davantage l'inspiration qu'un bureau de technocrate.

L'HUMOUR POUR LE DIRE

« Range ta chambre ! » pourrait être l'équivalent pragmatique à destination des adolescents...

MA GRAND-MÈRE DISAIT ÇA, AUSSI

« Les murs en ont entendu de belles depuis des générations ! »

« Les murs ont des oreilles »

Attention, on pourrait nous entendre !

À L'ORIGINE. Jusqu'au XVIIe siècle, on n'employait pas le mot « murs » mais « murailles », qui fut lui-même remplacé par « parois ». En 1690, l'homme de lettres Antoine Furetière préférait « On risque d'être épié », tandis que Racine écrivait « Les murs ont des yeux. » Mais l'utilisation du terme « oreilles » est d'autant plus inquiétante et stressante qu'elle fait référence à une époque agitée. Durant la Seconde Guerre mondiale, cette phrase accompagnait la propagande contre l'ennemi et révélait l'angoisse de l'espionnage.

AUJOURD'HUI. Cette expression accompagne toujours les conversations et les confidences. Convenons-en, sa forme actuelle, débarrassée des murailles et autres parois, est beaucoup plus chantante et évocatrice. On croit entendre le mot « murmure »… C'est précisément le message transmis : il faut baisser le ton pour ne pas être entendu. Enfin, il est vrai que nos murs conservent tous les secrets de famille.

L'HUMOUR POUR LE DIRE

« Les murs ont des oreilles dans la mesure où les cloisons sont nasales et les conduits en acoustique. »

PIERRE DAC

LA PART DE SAGESSE. On prête à la pierre des organes sensoriels et on l'affuble d'un défaut humain, l'indiscrétion. Vous parlez, tout peut être interprété et répété. Alors soit on baisse le ton, soit on coupe le son. Fini, les langues de vipère qui déblatèrent sur le dos de Paul ou Pierre !

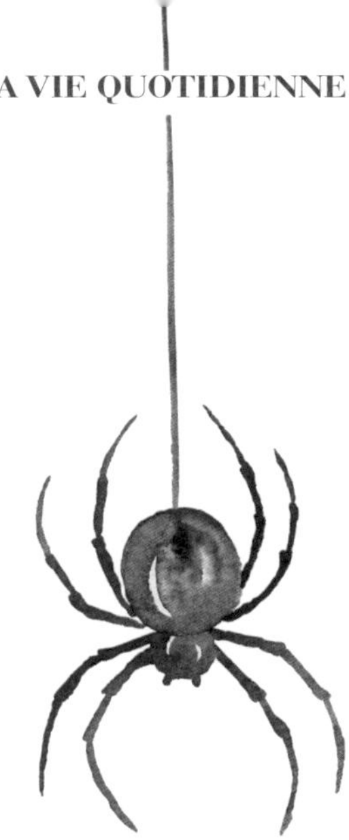

« Araignée au plafond, pas de fille à marier »

Pas de fille dans les parages…

À L'ORIGINE. L'expression était utilisée dans les campagnes. Un jeune homme qui rendait visite à des amis ou des voisins était immédiatement renseigné sur les possibilités de rencontrer ici-même une fille à marier. Il lui suffisait de lever les yeux pour constater la propreté et l'entretien de la demeure : si une toile d'araignée pendait au plafond, le ménage laissait à désirer, signe que la fille était partie de la maison.

AUJOURD'HUI. L'expression est désormais désuète et rarissime. Si elle est encore employée de temps à autre, c'est sans doute avec humour et une interprétation différente. Et si une araignée au plafond indiquait au contraire qu'il y a bel et bien une fille à la maison ? Mais au lieu de passer son temps à chiffonner, elle se pomponne avec une idée derrière la tête, trouver l'homme de sa vie. Avouons qu'il n'est pas facile d'en découdre avec cette expression qui dit tout et son contraire ! Comprenne qui pourra !

LA PART DE SAGESSE. Il n'y a guère de philosophie dans cette phrase surannée. L'expression, qui mixe ménage-mariage et *tutti quanti*, sent trop la poussière. En 2017, c'est obsolète.

L'HUMOUR POUR LE DIRE

Il faut avoir une araignée dans le plafond pour chercher la p'tite bête en haut quand la belle est en bas.

« Une chatte n'y retrouverait pas ses petits »

C'est le chaos, impossible de mettre la main sur cet objet !

À L'ORIGINE. Dans l'Égypte ancienne, le chat suscitait l'admiration et le respect. La déesse du foyer était Bastet, femme à tête de chat hautement vénérée. L'amour maternel, l'attention inébranlable et les soins constants que la chatte porte à ses petits n'ont pas échappé aux observateurs de tous les temps. Poussée par son instinct, aidée par son odorat puissant, ses vibrisses et son sixième sens, la chatte pourrait retrouver ses chatons n'importe où.

AUJOURD'HUI. L'expression n'a pas pris une ride. Mais seul un chaos sans nom justifie son emploi, car une chatte ne s'avoue pas vaincue si vite !

LA PART DE SAGESSE. On a atteint les extrêmes. Le désordre est devenu invivable, indescriptible, c'en est même dramatique. Pour éviter que toute la famille et la maisonnée n'en pâtissent, on se reprend en main : on s'organise !

EN CHANSON

« Je manque de suite
dans les idées
J'ai le tournis
Une chatte n'y retrouverait pas
ses petits
Ça ondule, ça pendule. »

« LE TOURNIS »,
LE PAVILLON DES FOUS,
THOMAS FERSEN,
2005

« Tu ne verrais pas un âne dans un violon ! »

C'est un désordre sans nom.

À L'ORIGINE. L'expression, rustique, est ancienne et très explicite. Lorsque l'on pénétrait dans une pièce ou un bâtiment du corps de ferme plus ou moins délaissé,

MA GRAND-MÈRE DISAIT ÇA, AUSSI

« Tu ne retrouverais pas une vache (ou un âne) dans un couloir. »

grange, débarras ou grenier, on se retrouvait ébahi face à un grand bazar, mélange d'objets inutiles et vieux meubles entreposés. On s'exclamait alors : « Tu ne verrais pas un âne dans un violon ! »

AUJOURD'HUI. L'expression est rare mais demeure dans les milieux ruraux. Imaginez la même scène à la maison, en entrant dans une chambre ou la salle de jeux. Quel fouillis il doit régner pour avoir recours à cette exagération sans bornes !

L'HUMOUR POUR LE DIRE

Si on ne voit pas un âne dans un violon, on peut toujours faire l'âne pour avoir du son !

LA PART DE SAGESSE. L'humour qui accompagne cette expression ne doit pas être une excuse au bazar pour le simple plaisir de se l'entendre dire.

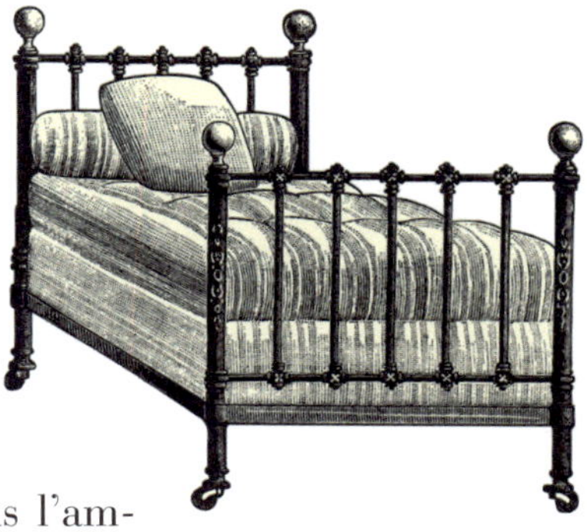

« *Mettre la viande dans le torchon* »

Aller se coucher.

À L'ORIGINE. Cette expression populaire est née dans l'ambiance un peu grivoise des régiments. On l'employait tout naturellement pour signaler qu'on allait se coucher, autrement dit mettre son corps dans les toiles. À noter que le mot « viande », par métonymie, désigne tout ce qui est en chair et en os, être humain ou animal. Ainsi, un ivrogne était désigné comme un « sac à viande saoule » !

AUJOURD'HUI. L'expression n'est pas rayée du langage moderne, elle s'entend entre amis, bien que tout le monde n'adhère pas à cette considération de l'humain comme de la viande. On préfère observer l'homme du point de vue de l'esprit. Par ailleurs, la viande provoque un rejet pour peu qu'on l'ait rayée du menu… Et pour en rajouter une louche, voilà que l'on se met « dans le torchon », confondu avec les draps, comme du jambon fumé !

MA GRAND-MÈRE DISAIT ÇA, AUSSI

« Mettre le lard au saloir. »

« Rejoindre les bras de Morphée. »

LA PART DE SAGESSE. Toute considération mise à part, l'humour prévaut dans cette expression populaire. Réflexion faite, cela appelle à l'humilité : on n'est pas grand-chose sur terre.

« Ça pèse un âne mort »

C'est beaucoup trop lourd à soulever.

À L'ORIGINE. L'expression est souvent utilisée dans nos campagnes. Pourquoi l'âne mort serait-il l'emblème du poids lourd ? Parce qu'il est impossible à soulever et qu'il faut le laisser à terre ? Mais pourquoi pas un cochon, un bœuf, un cheval ? L'idée de poids extrême vient en réalité de l'image d'un âne portant tout l'attirail qu'on lui aurait mis le dos. C'est ainsi que l'on manque de bras pour hisser une telle charge au-dessus du sol. Enfin, dans les fermes, on ne prenait pas la peine de soulever l'âne mort pour l'emmener jusqu'à sa dernière maison, le tas de fumier. Il était traîné à l'aide de cordes ou bien était laissé aux soins de l'équarrisseur.

MA GRAND-MÈRE DISAIT ÇA, AUSSI

« Ça pèse une tonne ! »

« Lourd comme un cheval mort. »

AUJOURD'HUI. L'expression est toujours utilisée, bien que l'âne ne fasse plus vraiment partie de notre quotidien, surtout en ville. Quel dommage ! Loin d'être bête, cet animal est courageux et digne d'affection.

LA PART DE SAGESSE. C'est mathématique, ou plutôt physique, un âne mort pèse plus lourd qu'un âne vivant. Tout être en vie a le réflexe de soutenir son poids.

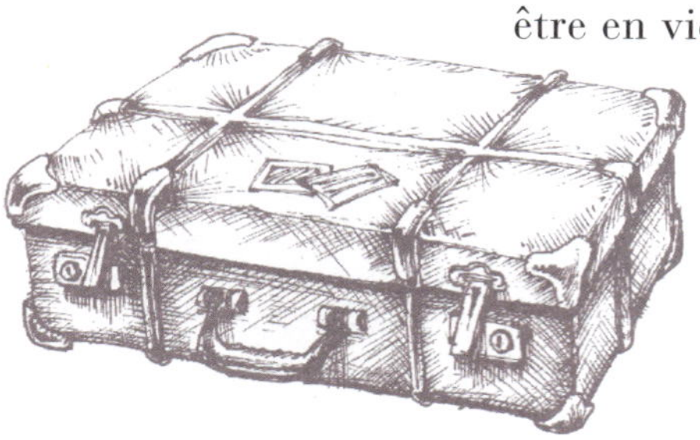

2. À TABLE ET EN CUISINE

Pas question de manger des clopinettes ! Préférons avoir les yeux plus grands que le ventre. Au diable, les problèmes de ligne ! Quand c'est le p'tit Jésus en culotte de velours et que c'est mangé de bon cœur, ça ne peut pas faire de mal.

« Il vaut mieux faire envie que pitié »

Mieux vaut être rondelet que trop maigre, riche que pauvre.

À L'ORIGINE. Il suffit d'observer les nus de Gauguin pour se rendre compte qu'en 1900 la préférence était aux corps dodus. Les bourrelets que l'on trouve disgracieux aujourd'hui étaient à la mode, les physiques rondelets et les lignes rondes faisaient envie. C'était aussi un signe d'opulence, d'où le lien étroit, dans cette expression, entre le corps et l'argent. En effet, la maigreur ne pouvait être que la signature des pauvres. La faim au ventre, se nourrissant de peu, privés de viande qui n'était pas à la portée de leur bourse plate, ils avaient une silhouette filiforme, un corps osseux qui faisait pitié.

EN CHANSON

« Non Jef t'es pas tout seul
Mais arrête tes grimaces
Soulève tes cent kilos
Fais bouger ta carcasse
Je sais que t'as le cœur gros
Mais il faut le soulever. »

« JEF », *LES BONBONS*,
JACQUES BREL,
1966

AUJOURD'HUI. L'expression perdure et a toujours cette même connotation à propos de la fortune. Mais elle serait plutôt employée à titre de consolation pour évoquer l'apparence, car une silhouette imposante, en réalité, ne suscite pas l'envie lorsqu'elle est la conséquence d'une maladie ou de mauvaises habitudes alimentaires. La malbouffe, expéditive, grasse et fortement déconseillée, est plutôt repoussante.

LA PART DE SAGESSE. Ce qui fait désormais envie, c'est un corps musclé, une silhouette fine, le tout vanté par la presse et les publicités qui préconisent repas équilibrés et sport régulier. Soit une image plus enviable et qui, contrairement à la richesse, est davantage à notre portée. Mieux vaut souhaiter ce qui est réalisable plutôt qu'une fortune improbable.

« *Tu as faim ? C'est une bonne maladie !* »

Mange, cela ne te fera aucun mal.

À L'ORIGINE. Cette expression succéda aux guerres et famines qui avaient affecté les anciennes générations, lorsque manger était un luxe, l'une des priorités du quotidien. Il fallut ensuite se rattraper, retrouver une bonne santé et mettre un terme au souvenir des privations. Pour conjurer le sort, la faim, dès lors qu'on pouvait la satisfaire, apparaissait comme une bonne maladie. Et quand il fallait serrer les cordons de la bourse, on y gagnait. Manger, c'était aussi éviter le médecin, car mieux valait nourrir une bouche que payer une consultation.

AUJOURD'HUI. Cette expression perdure notamment en milieu rural. Les grands-mères l'emploient aisément en présence de leurs petits-enfants qui séjournent en vacances chez elles. C'est une satisfaction de les voir dévorer les plats qu'elles ont concoctés avec amour !

EN CHANSON

« Que grand [gosier] tu as ! », déclare Grandgousier à ce gros bébé assoiffé qui vient de naître dans de bien étranges conditions. Porté onze mois dans le ventre de Gargamelle, il s'appelle Gargantua.

GARGANTUA, RABELAIS, 1534

LA PART DE SAGESSE. La question se pose : existe-t-il de bonnes ou mauvaises maladies ? En principe, à partir du moment où la santé est affectée, la situation n'est guère plaisante. Mais la faim, c'est autre chose, c'est un signe de bonne santé. Elle n'est pas nocive du moment qu'elle peut être satisfaite sainement. Qui mieux est, elle rend fort et costaud. Toutefois, cette bonne maladie ne doit pas devenir abusive et se transformer en boulimie. « Que ton aliment soit ton médicament », disait Hippocrate.

À TRAVERS LA LITTÉRATURE

« Il faut manger pour vivre et non vivre pour manger. »

SOCRATE, PUIS *L'AVARE*, MOLIÈRE, 1668

« Manger des clopinettes »

N'avoir plus rien à manger.

À L'ORIGINE. « Clopinette » vient de « clope », autrefois utilisé au masculin pour désigner un mégot avant de passer au féminin, devenant la cigarette d'aujourd'hui en langage familier. Mais revenons-en au clope. Cela représentait quelque chose de tout petit, d'insignifiant. De là est venue l'expression « des clopinettes », c'est-à-dire trois fois rien, qui était surtout employée en temps de guerre, autrement dit de privations.

MA GRAND-MÈRE DISAIT ÇA, AUSSI

« On n'a plus rien à se mettre sous la dent. »

« Ne rien avoir à becqueter. »

PROVERBE

« Mange ta main et garde l'autre pour demain. »

AUJOURD'HUI. On utilise encore cette expression dans un contexte particulier, en période de vaches maigres, lorsque les fins de mois s'avèrent difficiles… ou quand on se trouve devant un frigo vide parce qu'on a oublié de faire les courses. On s'exclame alors : « Qu'est-ce qu'on va manger ? Des clopinettes ! »

LA PART DE SAGESSE. Idéale pour dédramatiser la situation par rapport à ce qu'ont vécu les générations passées, cette phrase égaiera tout de suite la soirée, à défaut de dîner.

« *Avoir les yeux plus grands que le ventre* »

Se servir à outrance et ne pouvoir finir son assiette.

À L'ORIGINE. L'expression, née au XVIe siècle, renvoie à des époques marquées par la rareté des denrées et le difficile approvisionnement des vivres. Il fallait se priver, se serrer la ceinture, comme on dit. On n'avait alors qu'une envie : dévorer, avoir la panse bien remplie, se servir jusqu'à ce que l'assiette déborde. C'était surestimer sa faim, car il aurait été impossible d'en venir à bout. Ceci dénote l'inadéquation entre l'envie de manger et les limites de l'appétit. Les yeux, qui peuvent absorber des images de nourriture à n'en plus pouvoir, ont mal estimé les capacités de l'estomac.

À TRAVERS LA LITTÉRATURE

« *Une grenouille vit un bœuf […] / Elle qui n'était pas grosse en tout comme un œuf, / Envieuse s'étend, et s'enfle, et se travaille […] / La chétive pécore / S'enfla si bien qu'elle creva.* »

« LA GRENOUILLE QUI VEUT SE FAIRE AUSSI GROSSE QUE LE BŒUF », *FABLES*, JEAN DE LA FONTAINE, 1668

AUJOURD'HUI. Cette expression est très courante, notamment à destination des enfants. Il est vrai qu'elle est percutante et plaît à l'âge tendre. Les petits se croient affamés, pensent pouvoir dévorer un bœuf, mais une moitié de steak plus tard, stop, ils ne peuvent plus avaler une bouchée.

PROVERBE

« La gourmandise est un vilain défaut. »

LA PART DE SAGESSE. « Avoir les yeux plus gros que le ventre » concerne donc la table mais aussi les affaires, visant alors les adultes. Lorsque l'on a trop d'ambition et que, par exemple, les investissements ont été trop importants en vue des résultats obtenus, c'est que les provisions nécessaires ont été mal évaluées. En somme, on a vu trop grand.

MA GRAND-MÈRE DISAIT ÇA, AUSSI

« Une cuillère pour maman, une cuillère pour papa, une cuillère pour l'éléphant… »

« Mange, tu ne sais pas qui te mangera »

Finis ton assiette !

À L'ORIGINE. Cette expression semble tout droit sortie d'un conte de fées, du moins, elle s'en inspire. On songe bien entendu au *Petit Poucet* et au *Petit Chaperon rouge*. Mis à part l'ogre et le « grand méchant loup », qui peut donc manger les enfants ? C'était donc une méthode assez finaude pour faire pression sur les récalcitrants et les inciter à terminer leur assiette. Fini, la moue devant la soupe ! Les bambins subtilement piégés, la peur au ventre, n'en faisaient qu'une bouchée.

AUJOURD'HUI. L'expression n'est guère employée de nos jours, si ce n'est avec humour, car son efficacité redoutable n'est plus d'actualité. Les méthodes d'éducation sont plus souples et douces.

PROVERBE

« Si les petits cochons ne te mangent pas. »

LA PART DE SAGESSE. L'objectif est de forcer un bambin à manger alors qu'il n'a pas d'appétit ou fait le difficile. La finalité est de le rendre fort et en bonne santé. C'est aussi le moyen subtil de lui apprendre à s'imposer dans la société puis le monde du travail : comment ne pas se laisser dévorer par les requins ?

« Qui dort dîne »

Le sommeil annule la faim.

À L'ORIGINE. Au IVe siècle av. J.-C., Ménandre, un auteur comique grec, écrit : « Le sommeil nourrit celui qui n'a pas de quoi manger. » Il est vrai que dormir fait oublier la faim. Mais les moralisateurs ont voulu apporter une critique à ce constat : « Voici une manière plaisante de rappeler à quelqu'un que la paresse est le moyen de n'avoir pas à manger », rétorque-t-on. À l'époque médiévale, l'expression a un tout autre sens. Les aubergistes apposaient un écriteau sur la porte d'entrée de leur établissement : « Qui dort dîne. » Ainsi, pour qui s'acquittait de la note du coucher, le dîner était offert. D'une pierre deux coups.

AUJOURD'HUI. L'expression perdure : son message est incontestable. Le corps médical reconnaît que le sommeil nourrit le corps. Il est récupérateur et permet à l'organisme de se détendre, se rééquilibrer, se renouveler. On préconise certains aliments comme les pâtes et les pommes, qui favorisent l'endormissement, et un dîner frugal avant de se laisser porter dans les bras de Morphée. On se réveille en forme, mais on n'en a pas moins la faim au ventre.

À TRAVERS LA LITTÉRATURE

« Qui dort dîne.
À tes dents viendra tout seul le foin. »

« SONNET POSTHUME »,
LES AMOURS JAUNES,
TRISTAN CORBIÈRE,
1873

LA PART DE SAGESSE. On se réveille tout neuf, comme si on avait ingéré des oméga 3 ou des vitamines. Rien de tel pour repartir du bon pied !

« Manger comme quatre »

Avoir un très gros appétit.

À L'ORIGINE. Au XVIe siècle, Rabelais décrit le plaisir de la table à travers le pantagruélisme, avec l'histoire des géants Gargantua, Grandgousier et Gargamelle. Ils dévorent sans cesse, mangent tout ce qui est à leur portée, manifestent un appétit sans bornes. L'expression « manger comme quatre » découle de ces récits surdimensionnés, où l'exagération est le moteur de l'écriture.

AUJOURD'HUI. Cette expression très pittoresque est couramment employée. Changement de mœurs, les diététiciens nous mettent en garde contre les excès alimentaires qui favorisent nombre de maladies, surcharges pondérales, diabète, risques cardiovasculaires. « Comme quatre », c'est abusif, « comme deux », c'est déjà trop. Les futures mamans, quant à elles, sont conviées non pas à manger « comme deux » mais « pour deux ».

LA PART DE SAGESSE. On songe au comportement incongru des très gros mangeurs, oublieux non seulement de leur santé, mais aussi d'autrui. La faim dans le monde n'est pas une invention.

MA GRAND-MÈRE DISAIT ÇA, AUSSI

« Mieux vaut l'avoir en photo qu'à table ! »

« Avoir un bon coup de fourchette. »

À TRAVERS LA LITTÉRATURE

« Ceux qui s'indigèrent ou qui s'enivrent ne savent ni boire ni manger. »

PHYSIOLOGIE DU GOÛT, JEAN ANTHELME BRILLAT-SAVARIN, 1825

« Pour Noël, de mon temps, on n'avait qu'une orange »

Pour Noël, on se contentait d'une orange.

À L'ORIGINE. L'expression a traversé les temps et reflète l'état d'esprit des ancêtres qui ont vécu le manque. En période de fêtes, il y avait d'autres préoccupations que de songer aux cadeaux. Pour célébrer l'événement, on n'avait pas le choix, il

fallait se contenter de peu. Mais l'orange avait quelque chose de fabuleux : exotique, rare et précieuse, elle illuminait les repas de sa couleur vitaminée. Elle est devenue le symbole de l'offrande minimale. Cela vaut aussi pour les prisonniers, d'où l'expression « on t'apportera des oranges » – le pluriel est rassurant ! – lorsqu'un proche a enfreint la loi.

AUJOURD'HUI. Inutile de raconter ses souvenirs de combattant, Noël est le temps des illuminations, des décorations époustouflantes… C'est aussi l'heure de faire plaisir à ses proches. Aussi, l'expression est maintenant désuète car il serait presque mesquin d'offrir une orange aux enfants.

LA PART DE SAGESSE. L'atmosphère des fêtes de fin d'année est un bonheur qui réunit petits et grands. L'orange, maintenant dans la corbeille à fruits, reste un symbole de joie.

« C'est le p'tit Jésus en culotte de velours »

C'est absolument délicieux, c'est divin.

À L'ORIGINE. L'expression est issue des milieux chrétiens. Le « p'tit Jésus », ainsi présente-t-on le fils de Dieu à nos petits anges, est le symbole de la bonté et de la douceur. Ne dit-on pas « Doux Jésus ! » pour supplier le rédempteur ou en guise d'exclamation ? Bref, il n'y a rien de supérieur à l'enfant de Dieu, et la symbolique fonctionne à tous les niveaux. Il serait même bon à croquer. Chez les épicuriens, cela est l'expression suprême pour qualifier le velouté et la rondeur d'un vin.

AUJOURD'HUI. L'expression, toujours appréciée, fait fureur dans les milieux culinaires. On l'entend dans la bouche des gourmets qui fréquentent les bons restaurants.

MA GRAND-MÈRE DISAIT ÇA, AUSSI

« On en mangerait sur la tête d'un pouilleux. »

« C'est à se damner »

3. L'ARGENT

Ceinture ! Un sou est un sou, surtout quand on est fauché comme les blés et que l'on ne trouve pas l'argent sous le pied d'un cheval ! Comment faire bouillir la marmite quand on est raide comme un passe-lacet ? Ce qui est sûr, c'est qu'on ne mourra pas plus pauvre.

« Un tiens vaut mieux que deux tu l'auras »

Mieux vaut l'acquis que des promesses mirobolantes.

À L'ORIGINE. Cette locution proverbiale date du XIXe siècle, elle figure dans le *Dictionnaire de l'Académie française* de 1835. Elle a l'art de vous ramener les pieds sur terre. Mieux vaut avoir quelque chose dans les mains qu'une proposition alléchante qui tient du rêve. Il est plus raisonnable de se contenter de ce que l'on possède que de croire à des promesses. « Un tiens », c'est du réel, du solide, de l'acquis. « Deux tu l'auras », c'est tentant, grisant, mais pour quand ? Aux calendes grecques ? C'est toute la différence entre la promesse et le gain immédiat. On peut également penser à Saint Thomas et sa prudence : « Je ne crois que ce que je vois. »

AUJOURD'HUI. L'expression est encore d'actualité, elle est bien enracinée dans les têtes et a toujours autant de crédit dans le monde des affaires.

PROVERBE

« Mieux vaut tenir que courir. »

LA PART DE SAGESSE. Cette expression devrait être la devise des joueurs de hasard. Il est vrai que pour augmenter ses gains, doubler sa richesse, on n'a guère qu'une solution facile, celle des jeux de chance. Or, jouer, ce n'est pas gagner. Hériter, ce n'est pas pour demain – ou bien quand les poules auront des dents. Hormis ce qui peut être acquis grâce au travail, le reste est aléatoire. Alors mieux vaut s'atteler à la tâche et s'assurer le « tiens ».

« On ne mourra pas plus pauvre »

On ne peut pas avoir moins.

À L'ORIGINE. L'expression, qui ne date pas d'hier car elle a pris racine en temps de guerre et de dénuement, reflète l'esprit sage et résigné de ceux qui enduraient une extrême pauvreté. La situation ne pouvait empirer : de fait, plus rien ne pouvait leur être pris. Seule la mort pouvait stopper cet état de misère. Pourtant, cette connotation *a priori* pessimiste traduisait une lueur d'espoir, celle d'une fin salvatrice, abrégeant les difficultés.

MA GRAND-MÈRE DISAIT ÇA, AUSSI

« Mieux vaut être riche que pauvre, en bonne santé que malade. »

AUJOURD'HUI. Cette expression a conservé son sens : elle a cours lorsque l'on est désarmé par les déconvenues financières en cascade. On ne descendra pas plus bas.

LA PART DE SAGESSE. La résignation ainsi formulée peut aussi être moteur : la situation est telle qu'on ne descendra pas plus bas, alors autant faire avec et poursuivre son chemin.

À TRAVERS LA LITTÉRATURE

« On aime ce qu'on ne saurait avoir, et l'on dédaigne ce qu'on possède. »

HERCULE SUR L'ŒTA, SÉNÈQUE, Ier SIÈCLE AP. J.-C.

« *Aux innocents les mains pleines !* »

Aux gens honnêtes les récompenses !

À L'ORIGINE. Il s'agit d'une parole d'évangile à laquelle on devait croire dur comme fer. Dans Les Béatitudes issues de l'Évangile selon Matthieu, Jésus s'adresse à la foule par ces mots : « *Beati pauperes spiritu* », autrement dit « Heureux les pauvres en esprit », car ce sont eux qui accéderont au Paradis. Il s'agit du sort réservé aux innocents, c'est-à-dire aux gens purs, humbles, qui ne trichent pas. Ils seront récompensés de leur droiture. Au quotidien, ce sont ces mêmes innocents qui réussiront leurs entreprises.

AUJOURD'HUI. Cette parole d'évangile est toujours d'actualité. Elle a valeur de réconfort chez les gens honnêtes qui restent à distance des tentations, profits et situations avantageuses mais pas forcément légales et morales. Elle est dans tous les esprits lorsque de telles affaires surgissent, épinglées par la presse.

L'HUMOUR POUR LE DIRE

Riche et honnête, c'est plus juteux que pauvre et voleur.

LA PART DE SAGESSE. On peut accorder un certain crédit à cette parole ancienne, sachant que l'honnêteté n'est en rien incompatible avec la richesse. Quant à la récompense promise, on ne sait si c'est au Paradis ou sur terre. L'idéal est d'y croire et de faire preuve de patience… tout en essayant de faire fortune dignement.

EN CHANSON

« *S'il n'y a pas de honte*
à être pauvre
Il n'y a pas de quoi en être fier
non plus
Quel mal y aurait-il
Si j'avais une petite fortune ? »

« AH ! SI J'ÉTAIS RICHE »,
UN VIOLON SUR LE TOIT,
IVAN REBROFF,
1968

MA GRAND-MÈRE DISAIT ÇA, AUSSI

« Trop, c'est trop. »

« Avoir les dents longues. »

« Vouloir le beurre, l'argent du beurre et la crémière »

Vouloir acquérir sans limites et sans contrepartie.

À L'ORIGINE. L'expression date de la fin du XIXe siècle. Elle est issue des milieux paysans, probablement de régions productrices de beurre comme la Normandie. Ce produit était noble, signe de richesse. En vendre pouvait faire fructifier les affaires. Mais ensuite, une fois l'argent acquis, comment envisager d'avoir à soi la crémière ? L'expression évoque les désirs illimités d'argent, la cupidité, le caprice, l'avidité et la déraison.

AUJOURD'HUI. Cette locution proverbiale est amusante et connaît toujours un franc succès. Dans les milieux d'affaires, elle stoppe net les individus trop gourmands, peu scrupuleux quand il s'agit de réclamer des mille et des cents.

LA PART DE SAGESSE. Écouter ses envies sans jamais les réfréner, c'est une ascension vers l'impossible. Cela empêche d'avoir les pieds sur terre. Qui plus est, un tel désir d'argent ne mène que dans un tourbillon vertigineux. La folie des jeux et la fameuse fièvre acheteuse doivent être maîtrisées.

À TRAVERS LA LITTÉRATURE

« Moi aussi, Jocelyne Guerbette, mercière à Arras, je pourrais dévaliser la boutique Chanel, louer les services d'un chauffeur et me déplacer dans une limousine, mais pourquoi faire ? »

LA LISTE DE MES ENVIES, GRÉGOIRE DELACOURT, 2012

« Tout ce qui brille n'est pas d'or »

Méfions-nous des apparences flatteuses.

À L'ORIGINE. Cette expression est déjà traduite du latin médiéval dans *Les Paraboles* d'Alain de Lille, au XIIIe siècle. Mais c'est depuis la plus haute Antiquité que la symbolique de l'or nous épate. Nombre de cultures l'assimilent au plus parfait des métaux, à la rareté, à l'excellence. Seulement, les apparences sont parfois trompeuses : ce qui reluit n'est pas forcément si enviable…

AUJOURD'HUI. Cet adage est toujours d'actualité. Il s'applique à des situations qui nous semblent idéales, mais dont on ignore les dessous, souffrances et malheurs pouvant être la part de tous. Et s'il existe des alternatives à l'or, comme le contreplaqué, beaucoup moins onéreux, elles sont repérables par un œil expert. L'or étant le plus beau des métaux, il est forcément galvaudé ; attention à ne pas se laisser berner.

LA PART DE SAGESSE. En ne se limitant pas au métal précieux mais en désignant aussi la condition humaine, cette locution proverbiale donne un juste conseil : une apparence qui tape à l'œil n'est pas toujours le reflet de la personnalité et de l'âme. Pour juger autrui, cessons d'être superficiels.

À TRAVERS LA LITTÉRATURE

Dans cet échange, l'hôtesse déclare à Jacques :
« Tout ce qui reluit n'est pas or. »
De quoi, ou plutôt de qui, parle-t-elle ?
De son mari !

JACQUES LE FATALISTE,
DIDEROT, 1796

À TRAVERS LA LITTÉRATURE

« Hélas ! mon pauvre argent, mon pauvre argent, mon cher ami ! On m'a privé de toi ; […] je n'ai plus que faire au monde ! Sans toi, il m'est impossible de vivre. »

L'AVARE, MOLIÈRE, 1668

« Plaie d'argent n'est pas mortelle »

On survit aux ennuis d'argent, il y a pire.

À L'ORIGINE. Cette expression ancienne fait songer aux dix plaies d'Égypte énoncées dans *le Livre de l'Exode*. La Bible évoque les fléaux que Dieu fit s'abattre sur le pays afin que le pharaon libère les Israélites. Or, le peuple fut victime de la grêle, des eaux changées en sang, et non pas d'une pénurie d'argent. Cette plaie a fini par désigner une personne fort désagréable avant que le langage n'opte pour une expression plus courte et incisive : « Quelle plaie ! » À la fin du XVIIIe siècle, on déclarait : « Plaie d'argent peut guérir. » Il ne s'agit pas d'une plaie au sens médical, qui entaille la peau et risque de s'infecter au point qu'une vie humaine soit en danger, car celle engendrée par le manque d'argent ne fait pas mourir. Quoique… Il n'y avait guère de solutions pour échapper à la misère noire de l'époque médiévale.

AUJOURD'HUI. L'expression trouve tout son sens de nos jours bien qu'elle soit très peu employée : l'inquiétude de l'argent est destinée à durer.

LA PART DE SAGESSE. Nous faire relativiser une situation financière difficile est la clef de cette expression. D'autres malheurs, plus grands, peuvent nous assaillir. Il nous faut trouver les moyens de panser la plaie d'argent. Une fois celle-ci refermée, on retrouve sa santé… financière !

PROVERBE

« L'argent ne fait pas le bonheur. »

« Les conseilleurs ne sont pas les payeurs »

Conseiller ne veut pas dire mettre la main au porte-monnaie.

À L'ORIGINE. L'expression remonte au début du XIXe siècle. Des entreprises étaient créées, le monde de l'industrie était en plein développement, les finances faisaient l'objet de discussions entre le patronat et les conseillers. Mais si ces derniers avaient un rôle fort utile, ils n'avaient pas pour mission de régler la facture. Ceci était la préoccupation de celui qui était à la fois payeur et décideur, assumant les conséquences des prises de décisions.

AUJOURD'HUI. Dans l'univers de la bourse et des finances, cette expression est ancrée dans toutes les consciences. Le langage d'affaires a encore recours aux fameux conseillers, mais on ne retrouve plus la rime défavorable avec les payeurs. Voilà qui les libère d'un sacré fardeau ! Au gouvernement, dans les entreprises, les conseillers sont écoutés, et le métier se développe dans la communication.

LA PART DE SAGESSE. Il ne faut pas se précipiter mais prendre le temps de distinguer conseillers avisés et donneurs de leçon. Qui, au final, sera prêt à mouiller la chemise ?

L'HUMOUR POUR LE DIRE

« Si on vous donne un bon conseil, refilez-le vite à un autre. »

OSCAR WILDE

« Pierre qui roule n'amasse pas mousse »

Vivre agité ne fait pas le lit de la richesse.

À L'ORIGINE. Cette locution proverbiale date du bas Moyen Âge, lorsque partir à l'aventure – telle une pierre qui roule – n'était pas le mode de vie idéal aux yeux de la société. Il fallait

MA GRAND-MÈRE DISAIT ÇA, AUSSI

« Pigeon voyageur est sans demeure. »

que les hommes restent au sein de la communauté villageoise pour nourrir leur famille. La soif de découverte, l'instabilité du vagabondage semblaient à l'opposé d'une vie rangée qui permettait de construire son destin et d'engranger des biens. L'expression évoque la philosophie des gens de la terre et de la pierre qui tenaient à leur propriété comme à la prunelle de leurs yeux. En restant sur ses terres, on était à même de les faire fructifier.

AUJOURD'HUI. L'emploi de cette expression s'est raréfié, car elle n'épouse pas les mentalités actuelles. « Les voyages forment la jeunesse » est désormais dans l'air du temps : un esprit éveillé, cultivé et ouvert au monde est le premier bien à acquérir. Il s'agit d'une grande source d'enrichissement personnel et intellectuel.

EN CHANSON

« Va, mon vieux, va comme j'te pousse / À gauche, à doit', va, ça fait rien, / Va, pierr' qui roule amass' pas mousse. »

« PHILOSOPHE », *DANS LA RUE*, ARISTIDE BRUANT, 1889

LA PART DE SAGESSE. Cette phrase a également du sens si on l'inscrit dans le registre sentimental : mener une telle vie ne permet pas de construire une vie amoureuse stable. Mais les envies de chacun détermineront si le conseil doit être suivi.

« Ça se vend comme un cercueil à trois places »

C'est impossible à écouler dans le commerce.

À L'ORIGINE. Cette expression villageoise, originaire de la Somme, n'est pas dénuée d'humour malgré la teneur morbide du sujet. La mort est sacrée, les enterrements bien organisés. S'il existe des caveaux de famille, jamais ô grand jamais on ne vit un cercueil à trois places, qui aurait suggéré un ménage à trois. Cette réalité étant inimaginable, elle se rattache à la locution « ça se vend comme... », car somme toute, cela aurait été invendable.

AUJOURD'HUI. Hors de son berceau natal, cette expression régionale est peu utilisée. Elle n'en demeure pas moins drôle au point d'en faire oublier la terrible image funéraire.

LA PART DE SAGESSE. En reflétant un état d'esprit populaire, l'expression tend à prouver qu'un produit ne se vend pas dès lors qu'il est inutile aux yeux du consommateur : celui-ci est moins influençable qu'on le croit !

« *Les bons comptes font les bons amis* »

Pour préserver l'amitié, les comptes doivent être tirés au clair.

À L'ORIGINE. Cette locution proverbiale date du XIXe siècle. « Les bons comptes » désignaient alors des sentiments indispensables à la poursuite d'une amitié, comme une sincérité et une honnêteté parfaites.

AUJOURD'HUI. L'expression perdure, mais le sens a évolué vers la dimension comptable que l'on connaît à présent. Elle est couramment employée dans un contexte amical que l'on ne voudrait entacher pour un empire, lorsque l'on a une dette à régler.

LA PART DE SAGESSE. On ne doit pas ignorer ce que l'on doit à ses amis, telle est la condition pour les garder près de soi et ne pas gâter une belle relation. Il est plus raisonnable d'avoir des dettes envers sa banque qu'envers ses proches. Cela évite doutes et déceptions.

PROVERBE

« *À vieux comptes, nouvelles disputes.* »

À TRAVERS LA LITTÉRATURE

« *Le Blondet en est pour ses frais de trahison, et comme les mauvais comptes font les bons amis, je le signalerai au duc comme l'assassin du vicomte.* »

VAUTRIN, BALZAC, 1840

À TRAVERS LA LITTÉRATURE

« Il n'a rien dans le bas de laine, tout est dans les bras. »

LES NOISETTES SAUVAGES, ROBERT SABATIER, 1974

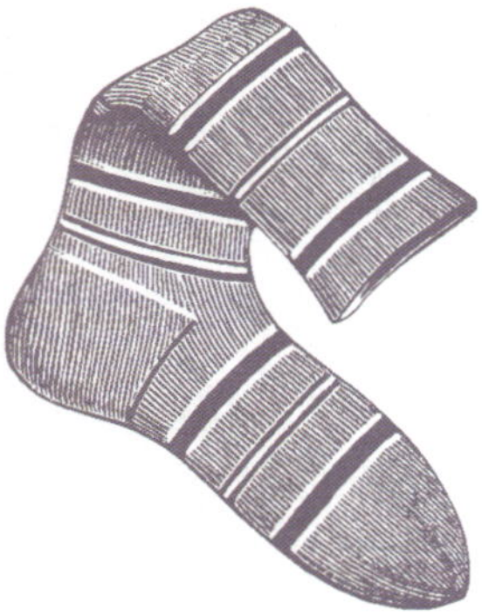

« Emplir son bas de laine »

Faire des économies.

À L'ORIGINE. Dans les campagnes françaises, au XIXe siècle, on avait coutume de garder ses louis d'or dans une drôle de tirelire : les bas de laine. Avait-on l'impression de placer son argent au chaud ? Il était en tout cas à l'abri des voleurs et des regards indiscrets. Puis après la banqueroute de Law, on réagit différemment par rapport à la thésaurisation. Succéda une autre idée, cacher ses billets de banque dans une lessiveuse, mais celle-ci ne fit pas l'objet d'une expression, contrairement au bas de laine que l'on retrouve même dans la littérature.

AUJOURD'HUI. On utilise rarement cette expression qui nous paraît désuète, et pour cause : les bas de laine ne font plus partie de notre garde-robe. C'est avec humour et ironie que l'on évoque à présent cette pratique qui semble bien comique avec le recul !

LA PART DE SAGESSE. Il ne faut pas laisser son argent à la vue de tout le monde. Si jadis il était bien à l'abri dans un bas de laine, l'option du placement dans une banque est aujourd'hui plus sécurisante.

MA GRAND-MÈRE DISAIT ÇA, AUSSI

« Cacher son argent sous son matelas. »

« Un sou est un sou »

Il faut compter au centime près.

À L'ORIGINE. L'expression a traversé les siècles. Le mot « sou » semble inoxydable tant il anime nos expressions françaises : être près de ses sous, gagner trois francs six sous… Le dernier sou, équivalant à cinq centimes, a été émis en 1939, soit mille ans après la réforme carolingienne. Il représentait le vingtième du franc, lequel fut créé en 1795, succédant à la livre tournois. Cette expression rappelle la valeur de l'argent, y compris en sa plus petite unité : toute pièce a une valeur.

AUJOURD'HUI. Hors de question de rayer cette expression du langage ! Elle est vivace, et on lui est attaché. Certes, elle n'est pas employée dans les milieux financiers où l'on parle euros, dollars, milliards, actions, transactions, placements, mais peu importe, elle circule au quotidien.

LA PART DE SAGESSE. Le gaspillage est proscrit, chaque sou est précieux. Il n'y a pas de petits profits.

PROVERBE

« Il n'y a pas de petites économies. »

« Les petits ruisseaux font les grandes rivières »

De petites économies formeront une belle somme.

À L'ORIGINE. L'expression date du XVIIe siècle, elle était déjà citée par l'homme de lettres Antoine Furetière en 1690. Elle rendait compte de la réalité suivante : accumuler peu à peu des petites sommes finissait par former un bien considérable, telle la rivière dans laquelle se jettent de multiples petits ruisseaux. Ainsi alimentée en eau, la rivière grossit et devient beaucoup plus impressionnante.

AUJOURD'HUI. On utilise volontiers cette expression, notamment lorsque l'on veut cesser les dépenses et justifier de menues économies. L'accumulation de la petite monnaie finit par constituer un magot.

LA PART DE SAGESSE. Tout vient à point.

MA GRAND-MÈRE DISAIT ÇA, AUSSI

« Le temps, c'est de l'argent. »

AU CINÉMA

« Je jure devant Dieu que je ne connaîtrai jamais plus la faim ! »

AUTANT EN EMPORTE LE VENT,
VICTOR FLEMING,
1939

« Ceinture ! »

Manquer d'argent et se priver.

À L'ORIGINE. Cette forme elliptique de « faire ceinture » vient de la locution « se serrer la ceinture ». D'un mot, la privation est encore plus sèche et raide. Et lorsque les temps étaient durs, il fallait se priver, notamment de nourriture. À force de moins s'alimenter, on obtenait une taille de plus en plus mince, contraignant à resserrer la ceinture.

AUJOURD'HUI. L'expression perdure, remise au goût du jour par la période de crise économique, bien qu'elle soit moins utilisée qu'autrefois. Objectif : mettre la pédale douce sur les dépenses et le budget nourriture, ce qui corrobore les résolutions du moment.

« Ça ne vaut pas un radis »

Cela n'a aucune valeur.

À L'ORIGINE. L'expression est ancienne et signifie que la chose ne vaut rien. Considéré comme le légume du pauvre, semblant bien peu de chose privé de ses fanes et hors de sa botte, le radis avait piètre allure. Aussi, la valeur d'un unique radis était plutôt nulle… On dit également « n'avoir pas un radis » pour indiquer que l'on est sans ressources, que l'on se trouve dans une situation misérable ou que l'on a tout simplement les poches vides en partant de chez soi.

L'HUMOUR POUR LE DIRE

Avant j'avais de l'oseille, aujourd'hui j'ai plus un radis, je gagne ma vie en racontant des salades.

AUJOURD'HUI. On utilise toujours cette expression, souvent avec légèreté, quand on se retrouve face à divers bibelots dans une brocante, par exemple. Il n'empêche, elle ne rend pas justice au bon goût et au croquant de ce petit légume-racine.

« *Être fauché comme les blés* »

Être dépourvu d'argent.

À L'ORIGINE. Cette expression ancienne est née à la campagne. Lors de la moisson, hommes fauchant, femmes ramassant le blé, le sol finissait à nu. C'est à cette image de dénuement que renvoie cette phrase. Elle regorge encore de pittoresque si l'on se réfère au langage populaire, lequel désigne l'argent par le mot « blé ». Par ailleurs, jadis, un paysan fauchant les blés illustrait les billets de banque, représentation naïve d'un travailleur « éclatant de santé » critiquée par Jacques Prévert.

AUJOURD'HUI. On emploie encore l'expression dans tous les milieux. L'image est certainement plus pastorale et poétique que le mot « ruiné », tranchant comme un couperet.

« *Avoir un hérisson dans sa poche* »

Avoir du mal à mettre la main à la poche.

À L'ORIGINE. Cette expression semble exclue des écrits, elle est plus souvent rapportée oralement dans les campagnes où les perles de langage fleurissent. La poche, c'est cette partie du vêtement un peu secrète et bien précieuse, qui abrite l'argent. Le hérisson devient ici le gardien des pièces sonnantes et des billets. Mettre la main à la poche, c'est impossible, il sort ses piquants,

MA GRAND-MÈRE DISAIT ÇA, AUSSI

« Ça ne vaut pas un clou. »

« Ça ne vaut pas un fifrelin. »

« C'est de la roupie de sansonnet. »

À TRAVERS LA LITTÉRATURE

« Mais on ne voit jamais l'image simple et vraie le travailleur en sueur et fauché comme les blés. »

« AUX CHAMPS », *PAROLES*, JACQUES PRÉVERT, 1946

aïe aïe aïe. Résultat, l'argent dort. Ainsi brosse-t-on le portrait d'un radin ou d'un mauvais payeur.

AUJOURD'HUI. Cette charmante expression perdure, même dans les milieux financiers. Emmenez quelqu'un au restaurant : tiens, comme par hasard, il a oublié son portefeuille, a laissé son carnet de chèques à la maison, quant à la carte bleue, il attend la nouvelle ! Cette phrase montre que la pingrerie peut atteindre tout un chacun, y compris les personnes riches comme Crésus.

L'HUMOUR POUR LE DIRE

Le hérisson pique mon fric !

LA PART DE SAGESSE. Ne jetons pas la pierre au hérisson ! S'il est couvert de piquants, il ne repousse pas les gens. Il est bien aimé des enfants et il accomplit une œuvre utile au jardin.

« On ne va pas trouver l'argent sous le sabot d'un cheval »

On ne trouve pas l'argent en claquant les doigts.

À L'ORIGINE. Au XVIIe siècle, on disait « Ne pas se trouver dans le pas d'un cheval » pour indiquer qu'une chose, bien souvent de l'argent, était fort rare. Le mot « pas » signifiait alors « empreinte », puis il a été remplacé par « pied ». Ces deux formules devenues obsolètes, elles se sont transformées pour devenir celle que l'on connaît à présent : « sous le sabot d'un cheval ».

AUJOURD'HUI. L'expression, amusante et ironique, n'est guère utilisée. Mais le sens est resté le même malgré les évolutions. Évidemment, c'est chose impensable : que reste-t-il après le passage d'un cheval si ce n'est de la terre et du crottin ? D'autant qu'il faut une sacrée expérience et une belle confiance de l'animal pour l'inciter à lever la jambe.

MA GRAND-MÈRE DISAIT ÇA, AUSSI

« On ne trouve pas l'argent en soufflant dessus. »

LA PART DE SAGESSE. L'argent n'apparaît pas d'un coup de baguette magique.

« Tu n'auras pas toujours deux œufs après ta soupe »

Prépare-toi à affronter les difficultés à venir.

À L'ORIGINE. On ne donne pas d'âge à cette expression, mais on sait qu'elle est issue de la ruralité. La soupe était un menu quotidien, souvent l'unique plat composant le repas. Bien chaude, goûtue après avoir mijoté des heures sur le feu, très nourrissante, composée de pain, de bouillon et de légumes, elle réchauffait son homme en même temps qu'elle lui redonnait des forces. Une bonne assiette de soupe, cela suffisait. Le dimanche faisait exception : elle était accompagnée d'œufs. Ceux-ci étaient réservés au repas dominical car il s'agissait de produits onéreux.

AUJOURD'HUI. L'expression est plutôt rare et localisée. La soupe à l'ancienne, riche et nutritive, n'a plus d'intérêt qu'en hiver. On est désormais habitué à une soupe plus fine et raffinée, davantage appelée potage ou velouté, mais toujours autant appréciée.

LA PART DE SAGESSE. Attention, la roue tourne ! Il ne faut pas toujours compter sur l'aide d'autrui mais s'assumer et se donner les moyens de surmonter les problèmes.

PROVERBE

« Il ne faut pas se reposer sur ses lauriers. »

MA GRAND-MÈRE DISAIT ÇA, AUSSI

« Ça ne va pas te tomber dans le bec, la bouche ouverte ! »

« Il faut gagner son pain quotidien. »

« Être raide comme un passe-lacet »

Être sans argent.

À L'ORIGINE. L'expression est assez récente, elle n'a qu'un siècle. Ici, « raide » a pour sens « malade », « ivre » – c'est pourquoi de nos jours on dit souvent « raide dingue », c'est-à-dire enivré par sa passion. En argot, déclarer être « sans argent » signifie géné-

MA GRAND-MÈRE DISAIT ÇA, AUSSI

« Être sans le sou. »

ralement « mort », car la ruine marquait sa fin sociale. On n'était pas loin de la vérité puisque le passe-lacet était la petite tige que les gendarmes passaient aux menottes. Le malfaiteur était alors raide mort : il ne pouvait plus bouger, était totalement démuni, sans un souffle de liberté, sans un sou.

AUJOURD'HUI. L'expression figure encore dans notre langage, notamment parce qu'elle a été répétée après avoir été entendue. Mais a-t-on idée de ce qu'est un passe-lacet ? On réduit plus fréquemment l'expression à un seul mot, « raide », ou bien on déclare être sur la corde raide. Imaginez-vous sur une corde, les jambes qui flagellent au-dessus du vide ! Voilà une autre image pour incarner le dénuement.

LA PART DE SAGESSE. Le manque d'argent nous bloque. On se retrouve pieds et poings liés, on n'a plus la liberté d'agir. En conclusion, la fortune nous permet d'agir, avancer, réaliser nos souhaits, œuvrer pour une cause.

« Le bon Dieu aura bien une pièce pour tout le monde »

On peut toujours espérer s'en sortir.

À L'ORIGINE. L'expression, ancienne, fait allusion à un épisode biblique rapporté dans les évangiles. Quand il n'y eut plus assez de vivres, Jésus multiplia les pains pour nourrir tout le monde. Or, les familles chrétiennes croyaient au miracle, véritable source d'espoir tandis que le manque d'argent se faisait sentir. Il n'y avait guère d'autres solutions que de s'en remettre à Dieu.

MA GRAND-MÈRE DISAIT ÇA, AUSSI

« Il y en aura pour tout le monde. »

AUJOURD'HUI. On emploie rarement cette expression bien qu'elle n'ait pas été oubliée pour autant. En principe, la religion ignore l'argent, mais les fidèles sont persuadés du pouvoir infini de l'Éternel, qui ne peut faire fi de leurs réalités et difficultés humaines. Comme pour la multiplication des pains où chacun eut de quoi manger, tous ont droit à une pièce.

LA PART DE SAGESSE. Il peut être reposant de s'accrocher à l'espoir et se consoler en songeant à la justice divine et au partage équitable.

« Payer en monnaie de singe »

Payer en fausse monnaie.

À L'ORIGINE. L'expression remonte à l'époque médiévale, lorsque les bateleurs ne voulaient pas payer le péage. En contrepartie, ils présentaient leurs singes qui, à force de mimiques, salamalecs et autres simagrées, étaient censés adoucir et satisfaire le péager. L'astuce était imparable : grâce au talent simien, les bateleurs étaient acquittés. Saint-Foix rapporte les règles du tarif suivant, gravées sur un pont de Paris : « Que le marchand qui apportera un singe pour le vendre payera trois deniers ; que si le singe appartient à un joculateur, cet homme en le faisant danser et jouer devant le péager, sera quitte du péage tant dudit singe que de tout ce qu'il aura apporté pour son usage. »

MA GRAND-MÈRE DISAIT ÇA, AUSSI

« Payer en chats et en rats. »

AUJOURD'HUI. L'expression perdure, quoiqu'à notre époque elle révèle un esprit malhonnête. Cela indique que l'on se paie la tête du monde. En trois coups de cuillère à pot, on embobine le créancier, on propose un échange, mais c'est epsilon par rapport à la somme due. Dans certaines situations, on ne donne rien sinon une flatterie pour faire avaler la pilule.

« *Faute de grives, on mange des merles* »

Si l'on n'a pas ce dont on rêve, on se contente de ce que l'on a.

À L'ORIGINE. Cette expression date du XIXe siècle. On chassait alors la grive musicienne, ignorant son joli plumage et son chant, un motif simple qu'elle répétait plusieurs fois avant d'en changer, et elle finissait en pâté ! Elle était le plat favori lors des dîners princiers. On appréciait sa chair fine et parfumée. À l'inverse, jamais ô grand jamais on n'aurait servi du merle, bien ordinaire et à la chair peu goûtue. Un vrai plat de pauvre. Mais quand l'appauvrissement et la faim se faisaient sentir, on ne pouvait pas faire la fine bouche.

AUJOURD'HUI. L'expression est toujours ancrée dans nos habitudes de langage, mais son sens a peu à peu évolué, ne se limitant plus au seul registre alimentaire. Elle concerne tout autant les sentiments, rêves et désirs qui doivent être ignorés s'ils ne peuvent être satisfaits.

LA PART DE SAGESSE. La philosophie de cette expression est qu'il faut savoir se contenter de peu, oublier ses rêves, ou bien faire preuve de patience… Une fois passée la déception, revenons sur terre et ayons le sens de l'adaptation.

MA GRAND-MÈRE DISAIT ÇA, AUSSI

« On n'a pas toujours ce que l'on veut. »

À TRAVERS LA LITTÉRATURE

« Le chevalier, disait-elle, était loin de valoir mon mari ; mais que voulez-vous, ma petite, faute de grives on mange des merles. »

LA MAISON DE MAURÈZE, HENRY GRÉVILLE, 1877

« *Gagner trois francs six sous* »

Gagner très peu d'argent.

À L'ORIGINE. L'expression vient des gens de petit métier qui gagnaient exactement la somme de trois francs et dix centimes la journée. Il y avait aussi les travailleurs rémunérés à la tâche, d'une durée d'une à deux heures, qui pouvaient enchaîner les travaux pour de modiques paies. Mais ce n'était pas tout. Il fallait aussi cultiver la terre, nourrir les bêtes, repasser, aller au lavoir, s'occuper des enfants… Les tâches quotidiennes supplémentaires, que ce soit à la maison ou aux alentours, étaient nombreuses et bien astreignantes.

AUJOURD'HUI. Ni les francs ni les sous ne font partie de notre quotidien, mais il n'empêche, on aime prononcer cette phrase de misère si on a le sentiment de ne pas être rémunéré justement pour le travail réalisé.

LA PART DE SAGESSE. On ne sait si cette expression se limite à un constat ou si elle exprime la déception et la résignation, mais elle pointe du doigt l'adage suivant, à ignorer sous aucun prétexte : tout travail mérite salaire.

MA GRAND-MÈRE DISAIT ÇA, AUSSI

« Gagner trois fois rien. »

« Avoir un salaire de misère. »

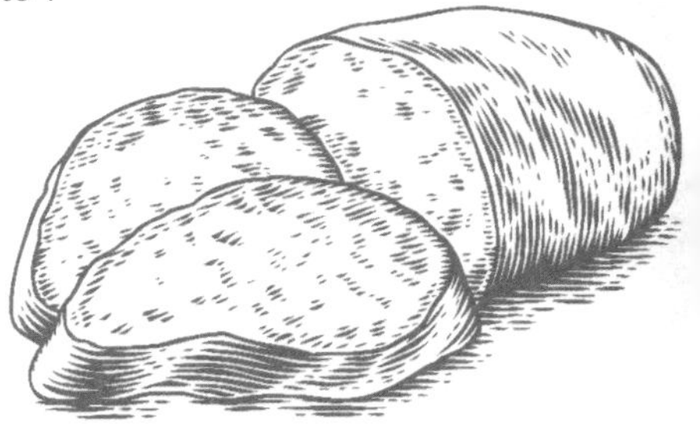

« *Manger son pain blanc* »

En baver après avoir bien commencé.

À L'ORIGINE. On trouve déjà trace de l'expression dans la littérature du XVIe siècle, chez Rabelais, par exemple. Si le pain était quotidien, le pain blanc, lui, était onéreux et destiné aux privilégiés. Passer de l'un à l'autre était le signe soit d'une fortune nouvelle, soit d'un échec. Ainsi, petits commerçants et hommes d'affaires mangeaient leur pain blanc lorsqu'ils avaient monté une belle entreprise. Mais la réussite pouvait être éphémère. Ils goûtaient ensuite au pain sec et au pain noir.

AUJOURD'HUI. L'expression perdure, illustrant la réussite de quelqu'un qui entreprend, crée une affaire, savoure le succès, puis connaît l'envers de la médaille. La crise économique, les dettes ou le chômage contraignent à ralentir le train de vie. Et pour peu qu'on reçoive des propositions plus ou moins honnêtes, on réagit : « Je ne mange pas de ce pain-là. »

L'HUMOUR POUR LE DIRE

Mais ça, c'était avant !

LA PART DE SAGESSE. Il faut être prudent et ne pas crier victoire trop vite : s'il est bon de profiter de l'instant lorsque la chance nous sourit, il n'en faut pas moins assurer ses arrières.

PROVERBE

« Connaître l'envers de la médaille. »

« Jeter l'argent par les fenêtres »

Dépenser sans compter.

À L'ORIGINE. L'expression est née d'une coutume datant de l'époque médiévale. Des gens de rue, pauvres et mendiants, avaient pris le parti d'égayer la rue pour attirer l'attention sur leur triste sort. Pour ce faire, ils chantaient quelques airs connus, entonnaient les fredaines du moment. Les habitants, sans doute par compassion plutôt que par enchantement, leur envoyaient des pièces depuis leurs fenêtres.

MA GRAND-MÈRE DISAIT ÇA, AUSSI

« Avoir la fièvre acheteuse. »

AUJOURD'HUI. Le premier degré a disparu, jeter l'argent par les fenêtres n'a plus rien à voir avec un acte de charité, bien au contraire. C'est la critique d'un défaut bien connu, les personnes qui dépensent sans compter le savent bien…

LA PART DE SAGESSE. S'il n'est pas souhaitable de devenir pingre et avare, gaspiller son argent n'est pas mieux.

« Donner de la confiture aux cochons »

Faire un don inappoprié ou qui ne sera pas apprécié.

À L'ORIGINE. Une phrase proche apparaît dans l'Évangile selon Matthieu : « Ne jetez pas des perles aux pourceaux. » Au cours des temps, elle s'est modifiée, les « pourceaux » sont devenus des cochons, tandis que les « perles » ont été remplacées par de la confiture. Si l'idée de gâchis a été maintenue, l'expression est devenue plus vraisemblable. Que ferait un cochon d'un collier de perles ? Il n'empêche, la confiture était bel et bien un mets trop raffiné pour Porcinet, qui se régale à moindre coût.

AUJOURD'HUI. L'expression, toujours ancrée dans nos esprits, fonctionne encore à table. Mais cette notion de gaspillage ou de don inapproprié ne se limite plus à la nourriture. Offrez des chaussures à talons à une sportive qui ne lâche pas ses baskets : le cadeau ne plairait pas et serait inutile, voire déplacé.

LA PART DE SAGESSE. Opter pour des présents appropriés aux personnes et aux situations évite les gênes.

MA GRAND-MÈRE DISAIT ÇA, AUSSI

« Être un panier percé. »

« Brûler la chandelle par les deux bouts »

Dépenser sans limites et gaspiller.

À L'ORIGINE. L'expression date du XVIe siècle, lorsque la fée électricité n'avait pas fait son apparition. On consommait alors des chandelles, lesquelles étaient disposées dans des chandeliers. Les brûler par les deux bouts était donc impossible, et cela aurait été un véritable gâchis à l'heure où la lumière était un privilège. Seuls les plus riches pouvaient consumer plusieurs chandelles à la fois. Mais quand la folie des dépenses vous guette…

AUJOURD'HUI. L'expression est toujours en vigueur tandis que le sens est inchangé : gaspiller à l'envie pour un acte de légèreté qui ne donne aucun résultat positif.

LA PART DE SAGESSE. Et si les mentalités écologiques nous ramenaient vers une réelle flambée des chandelles pour réduire notre consommation d'électricité ?

L'HUMOUR POUR LE DIRE

Brûler la chandelle par les deux bouts ne va pas éclairer notre lanterne.

4. LE TRAVAIL

Travailler pour le roi de Prusse, il y a de quoi rendre son tablier ! Car toute peine mérite salaire, d'autant qu'il faut gagner son pain à la sueur de son front ou bien à la force du poignet, et ça, c'est une autre paire de manches !

« *Travailler pour le roi de Prusse* »

MA GRAND-MÈRE DISAIT ÇA, AUSSI

« Travailler pour des prunes. »

« Travailler pour ses beaux yeux. »

Travailler pour rien.

À L'ORIGINE. L'expression remonte au XVIIIe siècle et signifie travailler pour rien. Plusieurs versions expliquent son origine. La première est la suivante : les mercenaires qui œuvraient pour le royaume de Prusse recevaient des soldes d'un montant dérisoire. La seconde prend sa source dans une chanson de 1757 qui avait trait à la défaite du prince français de Soubise, Charles de Rohan, à Rossbach. S'y affrontaient l'armée du roi Frédéric II de Prusse et l'Autriche, alliée aux troupes franco-impériales. Cet échec fit l'objet d'une moquerie générale. On raconta que le noble personnage avait travaillé pour… le roi de Prusse !

AUJOURD'HUI. Cette expression est utilisée lorsque certains s'estiment insuffisamment rémunérés. La révolte naît alors d'un sentiment d'injustice, la paie ne correspond pas au travail réalisé, au nombre d'heures engagé, à la qualification. Dans ce cas de figure, le roi de Prusse désigne le patronat.

LA PART DE SAGESSE. L'argent n'a rien d'un luxe lorsqu'il est le fruit du travail.

« Il ne faut pas mettre tous ses œufs dans le même panier »

Il ne faut pas concentrer ses gains dans une seule affaire.

À L'ORIGINE. Au XVIIe siècle, on entendait la phrase contraire, « mettre tous ses œufs dans le même panier », à prendre au premier degré. Cela signifiait qu'il était judicieux de miser tous ses efforts sur une affaire. Mais, à la fin du XIXe siècle, un changement dans la société s'opéra. Il devint imprudent de regrouper ses œufs au risque de tous les casser. On estimait ainsi qu'il était peu sûr de miser sur une seule ressource de travail, c'est-à-dire de revenus.

AUJOURD'HUI. L'expression ne se limite plus au milieu professionnel : il ne faut pas faire reposer son accomplissement ou son bonheur sur un seul élément.

LA PART DE SAGESSE. Il faut savoir être prudent, élargir sa part de chance, ne pas se focaliser sur un seul objectif et, pour cela, se donner les moyens de se diversifier.

À TRAVERS LA LITTÉRATURE

« Que n'ai-je mis mes œufs sur trois ou quatre mules ! Je mérite un malheur que je devais prévoir. »

« LES ŒUFS ET LE PANIER », *LETTRES DE BADET*, EDME BOURSAULT, 1669

« Quand tu auras hersé ce que j'ai labouré ! »

Quand tu auras travaillé aussi dur et autant que moi !

À L'ORIGINE. Cette expression issue du vocabulaire agricole figure dans le patois normand. Le hersage étant une phase de labourage destinée à ameublir la surface de la terre, on comprend la portée du discours qui évoque des travaux difficiles, répétitifs, épuisants.

MA GRAND-MÈRE DISAIT ÇA, AUSSI

« Il faut avoir plusieurs cordes à son arc. »

À TRAVERS LA LITTÉRATURE

« *Le père fut sage*
De leur montrer avant sa mort
Que le travail est un trésor. »

« LE LABOUREUR ET SES ENFANTS », *FABLES*, JEAN DE LA FONTAINE, 1668

AUJOURD'HUI. L'expression est désormais peu utilisée, car le cheval qui tractait la herse est remplacé depuis belle lurette par les tracteurs. Mais tout peut changer : l'agriculture biologique revient aux méthodes d'autrefois pour les travaux de hersage et de labour.

LA PART DE SAGESSE. Cette expression vise à rabattre le caquet d'un jeune effronté qui se hasarderait à donner des conseils à plus expérimenté que lui. Il ne faut donner d'avis que sur ce que l'on pratique.

« *Gagner son pain à la sueur de son front* »

Il faut se donner du mal pour gagner sa vie.

À L'ORIGINE. Cette expression, qui incite à travailler dur, est vieille comme le monde : elle a une signification biblique et a pour source la Création. Dieu infligea un rude châtiment à Adam et Ève, coupables d'avoir croqué la pomme. Tandis que la femme reçut comme punition d'enfanter dans la douleur, l'homme écopa de la dureté du travail.

AUJOURD'HUI. Considérée au premier degré, dans son sens biblique, l'expression est rarement utilisée, car elle est obsolète. Le travail n'apparaît plus forcément comme une lourde épreuve et n'est pas réservé aux hommes, loin de là…

LA PART DE SAGESSE. On ne peut que se fier à cette expression, hormis à la notion de châtiment qui l'a générée : bayer aux corneilles et se tourner les pouces est vain, on doit se prendre en main pour gagner sa vie.

PROVERBE

« *On n'a que ce qu'on mérite.* »

MA GRAND-MÈRE DISAIT ÇA, AUSSI

« *Gagner sa vie à la force du poignet.* »

« Rendre son tablier »

Cesser de travailler.

À L'ORIGINE. L'expression date de la fin du XIXe siècle. À l'époque, le port du tablier chez le personnel de maison faisait partie de l'uniforme. Petit, blanc et noué dans le dos, il faisait tout le charme des soubrettes. Mais lorsqu'un domestique donnait sa démission ou était renvoyé, le premier geste qui s'ensuivait était de rendre son tablier, symbole de la fin de l'emploi, de la tâche, de l'effort.

AUJOURD'HUI. L'expression tient toujours, quel que soit l'habit de travail porté. Cela se limite à une image, une fleur de langage. Uniforme, costume, blouse, bleu de travail font désormais office de tablier, selon la formule. En réalité, excepté dans la restauration où le tablier peut être raccroché, nul ne se défait plus de ses propres vêtements.

À TRAVERS LA LITTÉRATURE

« Elle avait machiné de faire de moi un larbin bénévole, qui n'eût pas pu rendre son tablier. »

MONSIEUR PAUL, HENRI CALET, 1950

« Les mauvais ouvriers ont toujours de mauvais outils »

À chose mal faite, toute excuse est bonne.

À L'ORIGINE. Cette expression de grand-mère serait l'équivalent d'un proverbe québécois énoncé au singulier : « Un mauvais ouvrier a toujours un mauvais outil. » L'association homme-outil, vieille comme le monde, reflétait la concordance des choses. On œuvrait comme il fallait si on était bien équipé, mais à celui qui livrait un mauvais travail toute excuse était bonne…

AUJOURD'HUI. L'expression est encore employée, mais l'outil n'est plus limité au travailleur manuel. Le précepte apparaît

MA GRAND-MÈRE DISAIT ÇA, AUSSI

« C'est ni fait ni à faire ! »

« Travailler comme un sagouin. »

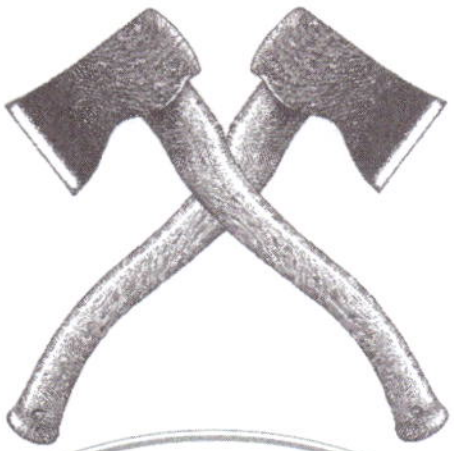

aussi dans l'enseignement : écrit-on bien avec un crayon mal taillé ? Le raisonnement est logique. Si on ne travaille bien qu'avec du bon matériel, l'inverse est vrai. De là à utiliser cette phrase comme excuse…

LA PART DE SAGESSE. C'est une manière de ne pas reconnaître ses incompétences. Il est plus facile de mettre en faute les outils que soi-même. Le principe s'applique à tous : il faut d'abord chercher l'erreur parmi ses actes, reconnaître ses faiblesses pour se corriger, changer sa méthode de travail… ou son matériel.

PROVERBES

« Mauvais ouvrier ne trouve jamais bon outil. »

« À mauvais ouvrier, mauvais outil. »

« Avoir des dents qui rayent le parquet »

Avoir une ambition démesurée.

À L'ORIGINE. Cette expression populaire est issue d'une locution du XVe siècle, « avoir les dents longues », qui signifiait être affamé. Il fallait imaginer le pauvre hère criant famine, prêt à tout pour trouver quelque chose à se mettre sous la dent… Cela explique le nouveau sens qu'a pris cette expression au fil du temps : il s'agit désormais d'ambition voire d'arrivisme, à un point frôlant la démesure, ce que traduit bien cette image caricaturale pleine de bon sens.

AUJOURD'HUI. L'expression est employée tant dans le milieu professionnel, sportif que sentimental. Mais c'est dans ce dernier que les dents longues font le plus mal…

LA PART DE SAGESSE. Avoir les dents longues, cela finit par faire des dégâts, des marques indélébiles qui nuisent à tout un chacun.

MA GRAND-MÈRE DISAIT ÇA, AUSSI

« Être un requin. »

5. LA SANTÉ

Pomme du matin éloigne le médecin, dit-on, cela évite d'être mou comme une chique ou d'être sur les rotules. Cela permet de reprendre du poil de la bête, car même si on n'est pas en sucre, on n'a aucune envie de passer l'arme à gauche.

« *Ça va, c'est comme le temps* »

C'est variable.

À L'ORIGINE. Issue du langage spontané, cette expression n'était autre qu'une réponse automatique à la question classique : « Comment ça va ? » ou « Comment allez-vous ? » Elle eut l'avantage d'être reprise aussi vite que le vent, révélant le climat capricieux de certaines régions où l'on passe subitement de la pluie au soleil. Un temps instable, tout comme l'humeur et la santé des gens.

AUJOURD'HUI. Cette expression fait partie de la transmission orale, mais elle ne court pas les livres. On la répète, l'esprit détaché, comme pour se renvoyer la balle : réponse banale à question banale ! Il suffit tout simplement d'observer le temps pour savoir si l'interlocuteur va bien. C'est clair comme de l'eau de roche.

LA PART DE SAGESSE. Le temps qu'il fait a beaucoup d'influence sur les gens. Pour être joyeux, le mieux est de vivre au soleil. S'enquérir de l'état de quelqu'un n'implique pas une réponse aussi précise qu'un bilan de santé. C'est une question de courtoisie. Pour en savoir plus sur son interlocuteur, observons le temps.

MA GRAND-MÈRE DISAIT ÇA, AUSSI

« Couci-couça. »

« Ça va comme un lundi. »

« Reprendre du poil de la bête »

Reprendre des forces.

À L'ORIGINE. L'expression « prendre du poil de la bête » est apparue en France au XVIe siècle, puis le verbe a été remplacé par « reprendre » au siècle suivant pour signifier que l'on retrouvait de la vigueur. Plutôt énigmatique, cette déclaration est inspirée d'une croyance populaire. Si on avait été mordu par un animal, il suffisait d'appliquer le poil du mordeur sur la blessure pour se remettre d'aplomb. Cette médecine très ancienne était déjà citée par Pline le Jeune ! Cela fait écho à l'expression anglaise « prendre un poil du chien qui m'a mordu » *(to take a hair of the dog that bit me)*, tout aussi imagée, et citée par Rabelais dans *Le Cinquième Livre*, qui relate les aventures de Pantagruel.

AUJOURD'HUI. Fréquemment employée, cette expression intervient lorsque l'on a des ennuis de santé, mais aussi après un état de découragement ou de fatigue morale. Du poil de la bête, un médicament comme un autre.

LA PART DE SAGESSE. Cette croyance ancienne reflète le principe même de l'homéopathie : guérir le mal par le mal.

MA GRAND-MÈRE DISAIT ÇA, AUSSI

« Avoir une mine de capitaine. »

« Être frais comme un gardon »

Avoir de la vitalité.

À L'ORIGINE. Selon le grammairien et écrivain du XVIIe siècle Antoine Oudin, l'expression date de 1640. On se fiait beaucoup à l'éclat du teint, reflet immédiat et naturel d'une bonne santé, d'une grande forme. Or, l'image du gardon, petit poisson que l'on conservait séché durant de longs mois sans qu'il se défraîchisse, était la plus convaincante pour symboliser la fraîcheur.

AUJOURD'HUI. L'expression est toujours en usage, mais le sens initial, selon lequel on a une santé de fer, s'est élargi. Elle indique de surcroît une bonne forme sexuelle… Ce qui n'est ni faux ni surprenant si on se réfère aux frétillements du gardon. Un exemple pittoresque.

À TRAVERS LA LITTÉRATURE

« La plupart des remèdes contre le hoquet sont faits pour amuser les autres. »

« FINI DE RIRE ! », *CALVIN ET HOBBES*, BILL WATTERSON, 1993

« Bec hoquetant, bien devenant »

Le hoquet, c'est la santé !

À L'ORIGINE. Le mot « bec », issu du latin *beccus*, n'est pas forcément rattaché à l'oiseau, ses emplois métaphoriques sont légion : blanc-bec, fin bec… Or, le hoquet est bel et bien le propre de l'homme. Il est la démonstration que la digestion suit son cours et prouve que l'on a mangé à ventre déboutonné, autrement dit avec excès, d'où la déduction du « bien devenant ». On déclarait cette expression lorsque les bébés avaient fini leur assiette, signe de leur appétit et d'une bonne santé à venir.

AUJOURD'HUI. Au lieu de « bec hoquetant », on parle désormais de rot ou encore de rototo, qui sonnent bien à l'oreille des petits. L'expression est donc devenue désuète.

LA PART DE SAGESSE. Bien digérer est le b.a.-ba de la bonne santé. Cela révèle et confirme que la nourriture va profiter à l'individu qui a achevé son repas. Et si le rot est mal considéré en France, il indique, au Maghreb, que l'on a bien mangé.

« Pomme du matin éloigne le médecin »

Croquer une pomme le matin préserve des maladies.

À L'ORIGINE. Cette expression a roulé sa bosse… Jadis, on hésitait à appeler le médecin, car les visites étaient très coûteuses, et la Sécurité sociale, créée en 1945, n'existait pas encore. Il fallait donc se parer grâce aux aliments qui garantissaient une bonne santé. La pomme était ainsi un allié de taille.

AUJOURD'HUI. L'expression est toujours d'actualité : les qualités de la pomme sont bel et bien reconnues par les médecins, nutritionnistes et diététiciens. Ses vertus sont nombreuses. Se soigner de façon naturelle est au goût du jour, et la prévention commence par une alimentation choisie. Mieux vaut privilégier le naturel que l'artificiel, avaler un fruit plutôt que des médicaments.

LA PART DE SAGESSE. L'expression privilégie le matin pour croquer la pomme. Est-ce seulement pour la rime ? Car elle serait aussi un bon soporifique, autrement dit idéale avant d'aller au lit, ce qui éviterait au médecin de prescrire des somnifères.

MA GRAND-MÈRE DISAIT ÇA, AUSSI

« L'aliment est ton médicament. »

« Passer l'arme à gauche »

Trépasser.

À L'ORIGINE. Il s'agit d'une expression du XIXe siècle, courante dans le langage militaire. Plusieurs explications peuvent en préciser le sens. La première se réfère à l'utilisation de longs mousquets durant les guerres napoléoniennes : les soldats devaient glisser leur arme sous le bras gauche pour la recharger en

À TRAVERS LA LITTÉRATURE

« Les crânes sont les six maîtres d'armes à qui j'ai fait passer l'arme à gauche. »

STELLO, ALFRED DE VIGNY, 1832

poudre, soit un moment de grande vulnérabilité… La seconde explication renvoie à la pratique de l'escrime. Le fleuret se tenait généralement de la main droite, si bien qu'en le passant à gauche du duelliste, on pouvait aisément blesser sa main droite et le tuer.

AUJOURD'HUI. Cette expression est encore utilisée, mais elle a une connotation irrespectueuse envers le défunt. On n'annonce pas en ces termes la mort d'un être cher. On ne se réfère ni aux combats militaires ni à l'escrime, on prend des gants, on préfère les mots du cœur.

MA GRAND-MÈRE DISAIT ÇA, AUSSI

« Avaler son bulletin de naissance. »

« Être mou comme une chique »

Ne pas avoir d'énergie.

À L'ORIGINE. L'expression date du début du XVIIIe siècle et signifie être dénué d'énergie, abattu, sans force. Mais, en réalité, cette formulation est une altération : on utilisa d'abord le mot « chiffe », c'est-à-dire un chiffon sans forme. Le mot « chique » a ensuite été imposé en évocation à la mollesse gluante du tabac mâché.

AUJOURD'HUI. Toujours employée, l'expression apparaît comme une insulte lorsqu'elle est destinée à quelqu'un. Il est vrai qu'il n'est jamais flatteur ni agréable pour soi-même de se sentir aussi affaibli. On préfère avoir du peps !

À TRAVERS LA LITTÉRATURE

« Elle s'avachit encore ; elle manquait l'atelier plus souvent, jacassait des journées entières, devenait comme une chiffe à la besogne. »

L'ASSOMMOIR, ÉMILE ZOLA, 1877

MA GRAND-MÈRE DISAIT ÇA, AUSSI

« Avoir un coup de mou. »

LES RELATIONS HUMAINES

CHAPITRE 3

Le couple et la vie amoureuse

La sexualité

Amis et vie sociale

1. LE COUPLE ET LA VIE AMOUREUSE

Faire du gringue, mener une vie de patachon… Il y a mille méthodes pour trouver chaussure à son pied avant de se confronter à un mariage pluvieux, mariage heureux. Mais méfiance, ne dit-on pas homme en retard, enfant dans le tiroir ?

« Mariage pluvieux, mariage heureux »

La pluie n'entache pas le bonheur des mariés.

À L'ORIGINE. On disait initialement « mariage heureux, mariage pluvieux, venteux malheureux », car on associait la pluie et la fécondité : la pluie féconde la terre, le couple fertile connaît le bonheur. En revanche, le vent souffle sur la béatitude et l'emporte avec lui. On prononçait également ce dicton : « Mariage plus vieux, mariage heureux. » Jadis, les jeunes femmes qui épousaient un homme d'un âge avancé savaient qu'elles hériteraient de la fortune… Libres, elles pouvaient envisager de secondes noces.

AUJOURD'HUI. Ce dicton demeure incontournable dès que la pluie s'invite à la noce. À dire vrai, la déception des amoureux est passagère en vue du bonheur qui les attend.

LA PART DE SAGESSE. Le mauvais temps prouve qu'il faut aussi se préparer à un climat parfois orageux. Si l'on dépasse ce désagrément météorologique, on saura affronter les difficultés, car rien ne peut entacher le bonheur d'aimer.

PROVERBE

« Mariage pluvieux, enfants morveux. »

À TRAVERS
LA LITTÉRATURE

« *Le plaisir des disputes, c'est de faire la paix.* »

ON NE BADINE PAS AVEC L'AMOUR,
ALFRED DE MUSSET,
1834

MA GRAND-MÈRE DISAIT ÇA, AUSSI

« *Ça commence à chauffer.* »

« *Il y a de l'électricité dans l'air.* »

« Le torchon brûle »

L'ambiance est à la discorde.

À L'ORIGINE. L'expression existe depuis le XVIIIe siècle, mais elle trouve son origine dans les différents sens pris par le mot « torchon » au cours du temps. En effet, il n'a pas toujours été un tissu utilisé pour le ménage. Au XIIe siècle, il signifiait « coup », et le verbe « torcher », « battre ». Une « torchée » valait une sévère correction… La connotation bagarreuse de l'expression apparaissait d'ores et déjà. Le « torchon » désigna ensuite un flambeau. De la torche brûle au torchon brûle, il n'y a qu'un pas. L'expression est également devenue le titre du journal édité de 1971 à 1973 par le Mouvement de libération des femmes, choix judicieux traduisant leur esprit de révolte et la discorde régnant au sein de la société d'alors…

AUJOURD'HUI. Toujours utilisée, cette expression n'a pas son pareil pour décrire une querelle, l'atmosphère tendue régnant au sein du couple. Prenez garde, l'ambiance est survoltée, ça va exploser !

« Mener une vie de patachon »

Mener une vie dissipée.

À L'ORIGINE. L'expression remonte à la fin du XIXe siècle. Un patachon était un conducteur de patache, une diligence en assez mauvais état qui circulait sur les routes de campagne ou en ville. Du fait de son métier qui l'amenait à se rendre d'un endroit à l'autre pour conduire ses clients, le patachon n'était jamais au même endroit, il menait une vie mouvementée, si ce n'est dissolue.

AUJOURD'HUI. L'expression subsiste encore, il faut dire qu'elle n'est pas dénuée de charme. Mener une vie de patachon, c'est courir deux lièvres à la fois, avoir plusieurs rendez-vous galants la même semaine ou le même jour.

LA PART DE SAGESSE. La joliesse du mot « patachon » ôte l'aspect revêche et donneur de leçons de cette expression. Patachon, c'est mignon, et peu importe les actions qui sont reprochées à ce personnage volage !

« Faire du gringue »

Faire la cour de manière pressante.

À L'ORIGINE. L'expression est née au début du siècle dernier. Toutefois, le mot « gringue » a subi plusieurs transformations. Il aurait pour origine le XVIe siècle et le verbe « grigner », qui devint « grignon » et voulait dire « croûton », c'est-à-dire quignon de pain. Trois siècles plus tard, celui-ci se transforma en « gringue » mais conserva sa signification. C'est en 1901 que « faire du gringue » apparut sous la plume d'Aristide Bruant. Le sens de ces nouveaux mots ? Chercher à plaire. Mais comment était-on parvenu du pain… à la drague ? La cause serait le rapprochement avec l'ancienne expression « faire des petits pains pour quelqu'un », qui signifiait « faire l'aimable pour appâter », d'après le linguiste Gaston Esnault. En clair, faire la cour.

MA GRAND-MÈRE DISAIT ÇA, AUSSI

« Faire des avances. »

« Sortir le grand jeu. »

AUJOURD'HUI. L'expression est toujours utilisée, mais elle s'efface devant des locutions plus modernes. On entend de part et d'autre « avoir un ticket », « avoir une touche »…

LA PART DE SAGESSE. Faut-il comprendre qu'en offrant un pain fait maison on cherche à appâter son hôte ? Les expressions de grand-mère nous en apprennent tous les jours !

« Trouver chaussure à son pied »

Trouver l'homme ou la femme de sa vie.

À TRAVERS LA LITTÉRATURE

« Selon Sylvie, une chaussure au pied de son frère était une fille bête, riche et laide. »

PIERRETTE,
HONORÉ DE BALZAC,
1840

À L'ORIGINE. Cette expression, qui date du XVIIe siècle, signifia « trouver quelqu'un qui résiste », car la préposition « à » avait alors valeur de « contre ». Elle annonçait donc une guéguerre plutôt qu'une histoire d'amour… L'image est claire comme de l'eau de roche : le soulier idéal est celui qui convient à ce dont on a besoin.

AUJOURD'HUI. L'expression est encore fréquemment utilisée dans le registre amoureux. On trouve chaussure à son pied quand on rencontre sa moitié, la personne qui nous convient et avec laquelle on peut parcourir un long chemin.

LA PART DE SAGESSE. Mieux vaut, en effet, pour qu'une histoire sentimentale « marche » de longues années, que l'autre corresponde à ses attentes. Inutile de chercher une grande pointure, choisissons la bonne !

« Remettre le couvert »

Recommencer quelque chose, généralement l'amour.

À L'ORIGINE. Cette expression familière ne date pas de la dernière averse. On imaginait un couple se revoir après une séparation. S'ils remettaient le couvert, en clair, ils faisaient l'amour. Comment pouvait-on lier le registre alimentaire et amoureux ? C'est qu'il ne s'agissait pas de dresser la table une fois la vaisselle cassée… L'explication est la suivante : le substantif « couvert » est le participe passé de « couvrir », qui désigne l'accouplement animal, d'où la connotation sexuelle. De l'un à l'autre, il n'y a qu'un pas.

MA GRAND-MÈRE DISAIT ÇA, AUSSI

« Être faits l'un pour l'autre. »

AUJOURD'HUI. Toujours en usage, l'expression n'a rien perdu de son charme, d'autant qu'elle est particulièrement imagée : on ne quitte pas les arts de la table, car le service trois-pièces désigne en argot le sexe de l'homme…

LA PART DE SAGESSE. À table ou au lit, qu'importe, remettre le couvert est toujours l'annonce d'une bonne nouvelle.

AU CINÉMA

« Croyez-moi, Thérèse, homme en retard, liaison dans le tiroir ! »

LE PÈRE NOËL EST UNE ORDURE, JEAN-MARIE POIRÉ, 1982

« Homme en retard, enfant dans le tiroir »

Un homme qui n'est pas à l'heure sort du lit d'une autre.

À L'ORIGINE. Cette expression s'entendait dans les campagnes, où l'on avait aisément l'esprit commère, guettant les voisins, contrôlant leur emploi du temps. Un mari en retard, cela était plutôt singulier. Quelle raison pouvait-on imaginer pour justifier cette situation, si ce n'est qu'il s'était attardé dans les ébats amoureux avec une autre ? Le risque était bien entendu que l'amante tombe enceinte…

AUJOURD'HUI. Curieusement, on ne parle que de l'homme en retard et jamais de la femme. On ne dirait pas qu'elle traîne au lit, mais elle a tant à faire au quotidien… Nous sommes au XXIe siècle, être à l'heure est un exploit.

« Il y a de l'eau dans le gaz »

L'atmosphère est tendue, il va y avoir une dispute.

À L'ORIGINE. L'expression date du XXe siècle, lorsque, dans les maisons, on utilisait du gaz de houille, lequel contenait un fort taux de vapeur d'eau. La condensation créait des

MA GRAND-MÈRE DISAIT ÇA, AUSSI

« Se crêper le chignon. »

poches d'eau dans les canalisations et les obstruait ; une flamme orangée surgissait alors des tuyaux, preuve qu'il y avait de l'eau dans le gaz. Ces deux éléments étant incompatibles, on pouvait craindre l'explosion. Ce phénomène inspira l'expression pour relater la tension au sein d'un couple, laquelle menait souvent à la scène de ménage.

AUJOURD'HUI. Malgré la modernisation des habitations, cette expression a la peau dure ! Il faut dire que la confrontation de deux caractères différents peut provoquer des étincelles.

« *Mener une vie de bâton de chaise* »

Mener une vie désordonnée.

À L'ORIGINE. L'expression remonte à l'époque des porteurs qui transportaient à bout de bras des passagers sur des chaises. Celles-ci étaient posées sur de grands bâtons, lesquels étaient sans cesse manipulés, braqués d'un côté ou de l'autre afin d'orienter le siège dans la direction souhaitée. Les porteurs étaient tiraillés dans tous les sens, bousculés, pressés, ils n'avaient pas le temps de se poser. Aussi, cette allure confuse, agitée fut utilisée pour désigner une personne désordonnée, constamment en mouvement, et, par corrélation, loin de son foyer.

AUJOURD'HUI. L'expression est toujours en usage pour décrire une vie trépidante, tant dans le travail que la vie amoureuse. On n'a ni le répit ni le temps de faire la part des choses.

LA PART DE SAGESSE. On songe à une personne instable, volage, qui papillonne, et qui, sitôt posée sur une fleur, s'envole vers une autre. Jamais elle ne se fixe, ne vivant que pour l'éphémère. Mais la vie d'un papillon est brève…

MA GRAND-MÈRE DISAIT ÇA, AUSSI

« Papillonner. »

« Avoir une femme dans chaque port. »

« Tu ne vas pas me faire Ramona ! »

Se faire enguirlander.

À L'ORIGINE. Cette jeune expression, qui signifie se faire réprimander, est née d'une chanson qui fit un tabac en France en 1927. Il s'agit de « Ramona », adaptée de l'américain, et qui avait rencontré un succès phénoménal outre-Atlantique. Elle relate la déception d'un homme face à la cruauté de celle qu'il aime. L'argot s'en est mêlé, car ce prénom n'est pas sans rappeler le verbe « ramoner », au sens grivois bien connu… S'ajoute à cela une autre association d'idées entre le nettoyage – de la cheminée – et le savon, lequel apparaît dans l'expression imagée « se faire passer un savon ». De là à passer de l'argot à la chanson, des relations amoureuses aux réprimandes, on en perd son latin.

AUJOURD'HUI. Si cette expression semble vieillie, elle est encore employée. Certains se l'entendent dire lorsqu'ils se font remonter les bretelles, tandis que les autres, les plus âgés, aiment entonner le refrain.

LA PART DE SAGESSE. La réalité n'est pas toujours le rêve d'amour auquel on a cru les premiers jours…

EN CHANSON

« Mais ce doux roman
N'était seulement
qu'un rêve d'amant
Par ta cruauté
Tout autre a été
La réalité. »

« RAMONA », L. WOLFE GILBERT, 1927

PROVERBE

« Qui se fâche a tort. »

2. LA SEXUALITÉ

Dormir à l'hôtel du cul tourné, ce n'est pas habituel, surtout qu'après avoir vu le loup on espère mettre de nouveau le p'tit Jésus dans la crèche : mais attention à ne pas être trop porté sur la gaudriole, au risque de passer pour un chaud lapin…

« *Dormir à l'hôtel du cul tourné* »

Dormir dos à dos, ne plus avoir de relations sexuelles.

À L'ORIGINE. Cette expression familière et sans âge a pris naissance dans les campagnes, où l'observation et l'esprit critique allaient de pair. On avait la langue bien pendue. Parler des affaires sentimentales des uns et des autres, c'était une seconde nature. Si on soupçonnait un couple d'avoir des désaccords, on en déduisait qu'il dormait à l'hôtel du cul tourné. La signification était claire comme de l'eau de roche : les deux individus se tournaient le dos, autrement dit ils n'avaient pas de rapports sexuels. Le mot « hôtel » accentue la distance entre les deux conjoints. Il fait oublier la notion de « nid », de chez-soi et, de surcroît, celle du lit conjugal, où il est plus agréable de dormir dans les bras l'un de l'autre.

AUJOURD'HUI. Drôle et caustique, l'expression perdure car elle révèle bien l'atmosphère tendue au sein d'un couple qui, après une dispute, se retrouve le soir dans le lit, comme d'habitude, mais le désir en moins.

MA GRAND-MÈRE DISAIT ÇA, AUSSI

« Dormir à l'auberge du cul tourné. »

« Être porté sur la gaudriole »

Être porté sur la chose.

À L'ORIGINE. Toute l'expression repose sur la « gaudriole », mot certainement issu de l'ancien français « se gaudir », qui signifiait « manifester sa joie », et « cabriole ». Elle s'inscrivait dans le registre du superficiel, désignant des plaisanteries grivoises, avant de dépasser le seul domaine du langage. On ne pouvait en rester là. L'imagination aidant, on se mit à penser aux sauts de cabri et au sens vulgaire du verbe « sauter », lesquels ont donné un nouveau souffle à cette expression.

AUJOURD'HUI. L'expression est toujours utilisée, même si l'on déclare plus élégamment « être porté sur la chose », voire « addict » ou « accroc » pour rester dans le coup.

LA PART DE SAGESSE. La grivoiserie amusante de l'expression est contrebalancée par le côté vieillot et chantant du mot « gaudriole », qui sonne comme « farandole ».

À TRAVERS LA LITTÉRATURE

« Paris se mettait à table et rêvait gaudriole au dessert. »

LA CURÉE, ÉMILE ZOLA, 1871

« Avoir vu le loup »

Avoir perdu sa virginité.

À L'ORIGINE. Apparue au XVIIe siècle, cette expression permettait alors de désigner l'expérience d'un chasseur qui avait pratiqué la dangereuse chasse aux loups. Ces derniers étaient considérés comme des animaux dévorant aussi bien les brebis que les villageois. C'est ce grand méchant loup, ce croqueur de petites filles qui a alimenté la littérature, tels les contes de Perrault. Cette imagerie fait écho au sens qu'a ensuite pris l'expression : elle indiquait qu'une jeune fille avait perdu sa virginité, devenant à son tour aguerrie non pas pour la chasse

MA GRAND-MÈRE DISAIT ÇA, AUSSI

« Être amoureux des onze mille vierges. »

« Être chaud comme la braise. »

« Être un chaud lapin. »

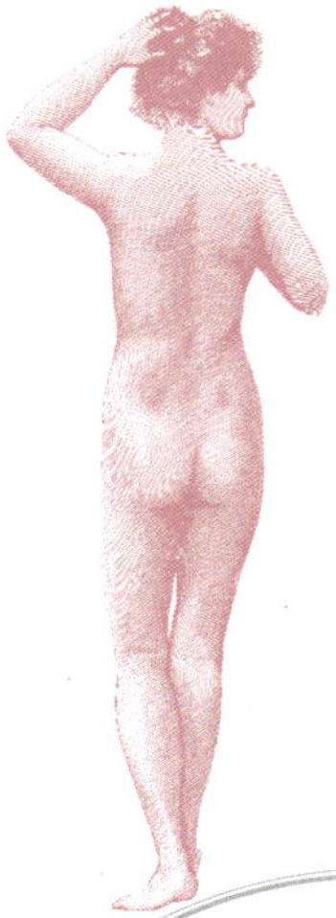

mais dans le domaine sexuel. L'image sanguinaire du loup se traduit aussi par le sang qui perle lors de la toute première fois. L'expression révèle très exactement le passage de l'enfance à la maturité.

AUJOURD'HUI. Malgré son côté rétro, l'expression s'est maintenue, continuant à charmer et intriguer.

« Mettre la main au panier »

Mettre la main aux fesses.

À TRAVERS LA LITTÉRATURE

« Tu lui as mis la main au panier, au moins ? Monsieur Hermès rougissait, gêné. Pourquoi les hommes respectaient-ils si peu les femmes ? »

L'APPRENTI, RAYMOND GUÉRIN, 1946

À L'ORIGINE. Cette expression serait née au XIXe siècle. Elle ferait allusion au panier que portaient les femmes de cour, cette fameuse corbeille qui faisait gonfler les jupes pour exprimer l'élégance de l'époque. D'un geste séducteur, l'homme se hasardait à mettre la main au panier, dans le bas du dos, pour inciter la dame à passer devant lui selon les règles de courtoisie. Au cours des temps, l'expression s'est encanaillée…

AUJOURD'HUI. L'expression est encore en usage, signifiant tout aussi bien mettre la main aux fesses qu'atteindre le mont de Vénus.

« Faire la bête à deux dos »

Faire l'amour.

À L'ORIGINE. Cette expression, qui était déjà citée par Rabelais dans *Gargantua*, est une métaphore érotique. Elle décrit l'osmose parfaite entre deux partenaires au point qu'ils ne forment plus qu'un être, cliché exact de la position du missionnaire. Le célèbre Kamasutra évoque quant à lui la « bête à deux têtes »… Cependant, la connotation bestiale de cette expression, qui évoque l'amour physique pur, n'a pas toujours été de mise : elle eut d'abord une portée galante, faisant partie du langage courtois.

AUJOURD'HUI. On pourrait reprocher quelque vulgarité à cette expression. Mais elle nous emmène dans un univers fantasmagorique, celui des contes emplis de bêtes curieuses et mystérieuses.

EN CHANSON

« Le seul reproche, au demeurant, Qu'aient pu mériter mes parents,
C'est d'avoir pas joué plus tôt
Le jeu de la bête à deux dos. »

« LE MOYENÂGEUX », *SUPPLIQUE POUR ÊTRE ENTERRÉ À LA PLAGE DE SÈTE*, GEORGES BRASSENS, 1966

« Mettre le p'tit Jésus dans la crèche »

Faire l'amour.

À L'ORIGINE. Cette phrase ancienne, d'abord anodine, était sur toutes les langues dans les familles chrétiennes lors de la Nativité. Dès la période de l'Avent, la tradition voulait que l'on édifie la crèche, tandis que le soir de Noël, à minuit, on mettait le p'tit Jésus dans la crèche. L'expression s'est transformée, amputée de son sens religieux, pour s'inscrire dans le registre érotique : elle désigne ni plus ni moins l'acte sexuel.

AUJOURD'HUI. L'expression perdure sur le ton de la plaisanterie et de l'humour. Elle a beau être jugée de mauvaise intention, voire blasphématoire, elle n'en est pas moins élogieuse et plus élégante que certaines de ses comparses…

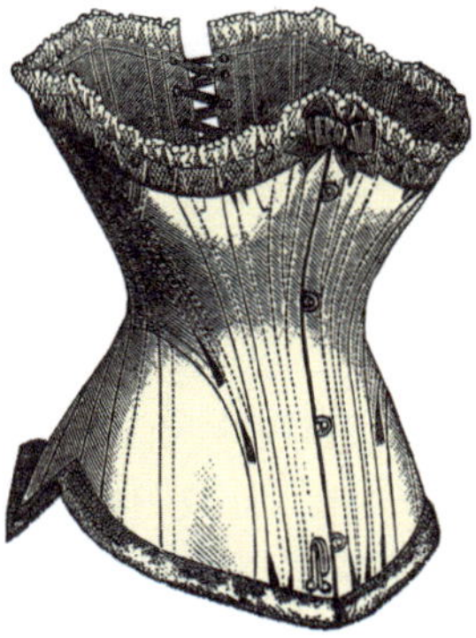

MA GRAND-MÈRE DISAIT ÇA, AUSSI

« Mettre la brioche au four. »

« Tremper son biscuit. »

MA GRAND-MÈRE DISAIT ÇA, AUSSI

« Un coureur de jupons. »

« Un bon coq n'est jamais gras »

Un homme à succès n'a pas le temps d'engraisser.

À L'ORIGINE. Rurale et ancienne, cette expression rappelle combien le coq était considéré comme le roi de la basse-cour. Il exerçait le droit de cuissage sur ses « cocottes », aucune ne pouvait lui résister. À force de faire la cour, d'honorer toutes ses poules, de courir de tous côtés, il était certain de ne jamais prendre un gramme de graisse – d'autant qu'il devait assurer d'autres activités : chanter, réveiller son monde… Le secret pour garder la ligne et avoir la chair ferme.

AUJOURD'HUI. L'expression perdure dans les campagnes. Reste à savoir si elle est exprimée avec ironie, envie ou esprit de délation, car on ne va pas tourner autour du pot : ce bon coq jamais gras n'est autre qu'un coureur de jupons, un Dom Juan dont on ne compte plus les conquêtes, et qui attrape tout ce qui lui tombe sous la main (ou la patte).

L'HUMOUR POUR LE DIRE

« L'œil est un gourmet comme la bouche. »

HIPPOLYTE TAINE

« Avoir l'œil qui frise »

Avoir l'œil qui brille d'envie.

À L'ORIGINE. Cette expression bien ancrée dans nos terroirs indiquait l'envie ou l'excitation qui se manifestait chez un homme sous le coup du charme. Reconnaissons qu'il y a quelque exagération… Il n'est pas commun que l'œil se mette à friser en cas de désir. On imagine le degré de gourmandise, alimentaire ou sexuelle, qui envahissait le personnage.

AUJOURD'HUI. On n'emploie guère cette expression pourtant pleine de charme, amusante et digne d'un dessin animé tant la caricature est cocasse : un gaillard tout émoustillé, l'œil allumé face à une jolie silhouette. Dans notre langage courant, elle a été supplantée par le verbe « mater »… C'est mille fois moins plaisant.

LA PART DE SAGESSE. Comme nombre d'expressions populaires, celle-ci reflète l'observation fine et juste des gens. Lorsque le désir envahit quelqu'un, il semble réellement que la ligne du visage s'adoucit, l'œil s'électrise, s'illumine, la moustache se redresse, surprise, elle frise !

MA GRAND-MÈRE DISAIT ÇA, AUSSI

« Être tout émoustillé. »

« Avoir la moustache qui frise. »

« Courir la prétentaine »

Rechercher les aventures galantes.

À L'ORIGINE. Cette locution date du début du XVIIe siècle. Du point de vue sémantique, elle équivaut à une expression plus ancienne, de nos jours oubliée : courir la calabre. Courir la prétentaine signifia d'abord le fait de vadrouiller avant de prendre un sens plus érotique : rechercher les aventures galantes. Notons que « prétentaine » est sans doute issu du normand « pertintaille », qui désigna tour à tour les grelots agrémentant les colliers des chevaux puis l'ornement que les dames ajoutaient à leur robe, d'où l'idée de superficialité. La tournure est plus délicate que ses équivalents courir la gueuse, peu gratifiant, et courir le guilledou…

AUJOURD'HUI. L'expression est rare, du moins elle n'effleure plus les jeunes loups. Le verbe « courir » semble d'ailleurs banni du langage galant car dans ce genre de conquête, nul besoin de se presser.

LA PART DE SAGESSE. Bien que renvoyant à des aventures frivoles, l'expression est chantante et élégante, mystérieuse et démodée. L'être humain n'a-t-il pas le cœur qui bat la chamade quand il court la prétentaine ?

MA GRAND-MÈRE DISAIT ÇA, AUSSI

« Courir les filles. »

« Courir la gueuse. »

« Courir le guilledou. »

3. AMIS ET VIE SOCIALE

Il n'y a pas de quoi en faire un fromage, mais tout de même, c'est bien vrai : ceux qui vont à la messe sont ceux qui en ont besoin, c'est pourquoi il va falloir remettre les pendules à l'heure et balayer devant sa porte.

« Il n'y a pas de quoi en faire un fromage »

Il ne faut pas exagérer.

À L'ORIGINE. Cette expression date du début du xxe siècle. Il est difficile de déceler parmi les multiples explications proposées laquelle est la plus proche de la vérité. Mais la suivante, simple et pragmatique, est séduisante : bien peu de choses sont nécessaires à la réalisation d'un fromage, ce mets délicieux qui fait la fierté de la gastronomie française… Cette idée transposée dans notre vie courante signifie donc qu'un rien peut amplifier une affaire sans importance. Aussi, cette expression fait figure de reproche : à quoi bon exagérer au risque de voir la situation s'envenimer ?

AUJOURD'HUI. L'expression est tout à fait moderne. Ainsi décrit-on toute situation dont les faits sont fortement exagérés, telle une affaire montée en épingle dans la presse. Curieusement, on dit « ça sent mauvais », à l'instar du fromage qui ne passe pas inaperçu.

LA PART DE SAGESSE. Exagérer est toujours un excès, une attitude déraisonnable, la sagesse invite à ne pas outrepasser les normes et fait appel à la modération.

MA GRAND-MÈRE DISAIT ÇA, AUSSI

« Inutile d'en faire tout un plat. »

« Il n'y a pas mort d'homme ! »

« Remettre les pendules à l'heure »

Repartir de zéro, faire une mise au point.

À L'ORIGINE. Lorsque les soldats partaient en guerre, ils devaient se rendre au combat à l'heure dite. L'ennemi en faisait autant, car pour s'affronter il était inenvisageable d'être en retard, surtout qu'il s'agissait d'une attitude proscrite dans l'Armée. Aussi, cette synchronisation a donné lieu à l'expression, qui indique que chacun a besoin d'une base commune pour avancer ensemble.

AUJOURD'HUI. Toujours d'actualité, l'expression règne dans le milieu professionnel où toute chose doit être clairement exprimée. Les malentendus freinent la bonne marche d'une entreprise. De même, lors d'un procès, on enquête, on interroge les témoins, on étudie les faits : on remet les pendules à l'heure afin de démêler l'affaire et parvenir à la vérité.

LA PART DE SAGESSE. L'heure doit être la même pour tout le monde. Être à l'heure, c'est la politesse des rois, dit-on. De cette manière, on évite les quiproquos, la perte de temps et l'impatience de celui qui bat le pavé.

MA GRAND-MÈRE DISAIT ÇA, AUSSI

« Tout remettre à plat. »

« Remettre les compteurs à zéro. »

« Mettre les points sur les i. »

« Chacun voit midi à sa porte »

Chacun a sa petite idée sur les choses.

À L'ORIGINE. Autrefois, faute de montre, on accrochait un cadran solaire sur la façade de sa maison. Il devait être orienté plein sud et suffisamment ensoleillé. Seulement, la précision était loin d'être parfaite, ces cadrans n'étaient pas réglés de manière uniforme ! Aussi, ils n'indiquaient pas tous midi lorsque le soleil était à son apogée. Si l'on sortait la tête de chez soi pour regarder l'heure chez le voisin qui logeait

MA GRAND-MÈRE DISAIT ÇA, AUSSI

« Il n'y a pas d'heure pour les braves ! »

à quelques mètres, il y avait peu de chance qu'on y lise la même chose… L'expression s'est inspirée de ce constat pour indiquer que chacun porte son propre regard sur les choses et croit détenir la vérité.

AUJOURD'HUI. L'expression subsiste : de fait, il ne peut y avoir de pensée uniforme.

LA PART DE SAGESSE. Tout le monde a son opinion et le droit de ne pas être d'accord avec son ami, ce qui permet l'échange entre les individus. C'est ce qu'on appelle la démocratie.

« On n'attrape pas les mouches avec du vinaigre »

On parvient plus aisément à ses fins par la douceur.

À L'ORIGINE. Cette maxime énonce clairement le principe selon lequel on obtient plus facilement ce que l'on veut en respectant le code de la politesse, et plus encore en faisant preuve de tact, de douceur et de compréhension. Tout comme les mouches ne se font pas piéger par le vinaigre, rédhibitoire, acide et piquant, une personne sera plus sensible à la délicatesse du miel, doux au palais et irrésistible. En clair, cela revient à l'appâter.

AUJOURD'HUI. L'expression est tout à fait dans l'air du temps. C'est le principe des négociations : mieux vaut ne pas envoyer la partie adverse sur les roses, car la blesser par des propos épineux rendrait difficile tout accord.

LA PART DE SAGESSE. Sans pour autant être mielleux ou tout sucre tout miel – cela friserait la fourberie –, il faut user de savoir-vivre et éviter les excès de colère. Autrui ne se laissera pas marcher sur les pieds.

MA GRAND-MÈRE DISAIT ÇA, AUSSI

« On attire plus de mouches avec du miel que du fiel. »

« Ceux qui vont à la messe, c'est ceux qui en ont besoin »

Aller à la messe parce qu'on n'a pas la conscience tranquille.

À L'ORIGINE. L'expression est née dans les milieux laïcs qui « bouffaient du curé » ou chez les chrétiens peu pratiquants à une époque où il était mal vu de ne pas aller à la messe. Pour se trouver une excuse, ils moquaient l'assiduité des fidèles qui s'y rendaient sans faute tous les dimanches. Bon sang de bien sûr, s'ils étaient aussi constants, c'est qu'ils en avaient besoin ! Ils espéraient de Dieu qu'il soulage leur conscience, pardonne leurs péchés, leur viennent en aide. À l'inverse, ne pas se rendre à l'église en prétextant ne pas en avoir besoin était le meilleur moyen de paraître pur et lavé de tout soupçon.

AUJOURD'HUI. La tournure, pleine d'humour, n'est pas bannie par nos contemporains.

LA PART DE SAGESSE. L'arroseur est vite arrosé… Attention à ne pas trop accabler les autres, ils pourraient en faire autant.

L'HUMOUR POUR LE DIRE

« Je ne vais pas à la messe car elle est à l'heure de l'apéritif. »

GEORGES COURTELINE

MA GRAND-MÈRE DISAIT ÇA, AUSSI

« Être une grenouille de bénitier. »

« Il faut savoir balayer devant sa porte »

Être conscient de ses défauts avant de s'occuper de ceux des autres.

À L'ORIGINE. Dans le langage populaire, on utilisait aisément les allusions aux tâches quotidiennes, d'où ces expressions à la portée de tous et pleines de vérité. Balayer devant sa porte signifiait ni plus ni moins nettoyer à l'entrée de sa maison.

MA GRAND-MÈRE DISAIT ÇA, AUSSI

« On voit la paille qui est dans l'œil de son voisin mais pas la poutre qui est dans le sien. »

Du désordre aurait été mal vu, les visiteurs auraient immédiatement eu une mauvaise impression des habitants. Mais la porte symbolise avant tout une situation personnelle, le cas particulier de chaque personne. Autrement dit il faut s'occuper de ses affaires et régler ses problèmes avant de mettre le nez dans ceux du voisinage.

AUJOURD'HUI. L'expression perdure même si la réalité des immeubles construits le long des trottoirs gomme cette image. Il faut dire qu'elle est une remontrance efficace auprès du critique et du sans-gêne.

LA PART DE SAGESSE. Il faut faire le ménage en son for intérieur avant de se permettre de juger autrui.

« Laver son linge sale en famille »

Traiter ses différends dans l'intimité.

À L'ORIGINE. La locution date du XVIIIe siècle. Elle est souvent attribuée à Voltaire, qui a utilisé une formule proche dans sa correspondance avec le roi Frédéric II de Prusse, mais le sens était autre… Plus tard, c'est Napoléon qui reprit l'image : « C'est en famille qu'on lave son linge sale. » Cette expression s'explique ainsi : autrefois, la lessive se faisait dans des lavoirs publics où les cancans se répandaient comme une traînée de poudre. Faire une confidence dans ce contexte, et c'en était fini du secret. Aussi, il était plus raffiné et discret d'évoquer ses différends avec les principaux concernés, et à l'abri des curieux.

AUJOURD'HUI. Si l'expression perdure, il arrive qu'elle ne soit pas enregistrée par ceux qui se plaisent à déballer leurs histoires personnelles devant la presse du cœur.

À TRAVERS LA LITTÉRATURE

« Après avoir lavé notre linge [avec Gide] nous eûmes toujours des rapports agréables. »

POÉSIE CRITIQUE,
JEAN COCTEAU,
1959

LA PART DE SAGESSE. Laver son linge sale en famille est une sage attitude : c'est une forme de respect à la fois envers soi et les autres. Les rancœurs et les disputes ne sont agréables pour personne, elles altèrent le sentiment d'amour. Inutile de faire partager cela…

« Tirer les vers du nez »

Amener quelqu'un à parler.

À L'ORIGINE. Cette phrase, qui date du début du xve siècle, alimente les débats quant à son origine. L'explication suivante est intéressante : Pierre Larousse l'a associée au remède « tuer le ver ». Cela consistait à boire un verre d'alcool à jeun pour combattre un ver, le ténia ou l'ascaris, infiltré dans l'organisme. Ce problème de santé, dont les malades avaient honte de parler, contraignait le médecin à les interroger pour entrapercevoir la vérité. D'autres linguistes firent référence au latin *verum*, qui signifie « vrai » ; tirer les vers du nez à quelqu'un consisterait donc à extraire le vrai. Au final, le recours au pluriel et l'allusion au nez restent assez mystérieux.

MA GRAND-MÈRE DISAIT ÇA, AUSSI

« Démêler le vrai du faux. »

AUJOURD'HUI. L'expression est toujours actuelle. L'objectif et la mise en pratique sont eux aussi inchangés : il s'agit de faire parler son interlocuteur en insistant avec adresse et finesse afin d'obtenir les informations souhaitées…

LA PART DE SAGESSE. Cette phrase révèle tout l'art de faire parler un patient chez les psychologues et les avocats.

À TRAVERS LA LITTÉRATURE

« La rumeur est la fumée du bruit. »

WILLIAM SHAKESPEARE, VICTOR HUGO, 1864

« Il n'y a pas de fumée sans feu »

Aucun bruit ne court sans raison.

À L'ORIGINE. Cet adage existait déjà chez les Romains sous la formulation « *Rumor publicus non omnino frustra est* », qui se traduit par « Un bruit public n'est pas tout à fait sans fondement. » De même qu'il n'y a pas de feu sans fumée, il n'y a pas de fumée sans feu. On considère ainsi qu'il n'y a pas d'effet sans cause. L'expression illustre aussi l'atmosphère des maisons de campagne où l'on se réunissait devant la cheminée, instant privilégié qui mettait en confiance et faisait la part belle aux ragots.

AUJOURD'HUI. Ce dicton est toujours utilisé, d'autant que l'on dispose de moyens de communication de plus en plus développés grâce auxquels tout se sait.

LA PART DE SAGESSE. À partir d'une image ou d'une phrase mal interprétées, un simple détail peut créer la rumeur et se transformer en serpent de mer… Il faut se méfier du feu de départ.

« Se faire rouler dans la farine »

Se faire tromper, duper.

À L'ORIGINE. L'expression date du XIXe siècle. La farine était alors utilisée par les comédiens qui maquillaient leur visage, devenant méconnaissables. Ainsi pouvaient-ils endosser leur rôle. Le procédé s'est répandu, adopté par des gens peu honnêtes afin de ne pas être démasqués. Ni vu ni connu ! La farine permettait donc de dissimuler les apparences au détriment d'autrui.

AUJOURD'HUI. L'expression s'entend lors de négociations. Et si elle existe tant à la forme active que pronominale, elle implique forcément une situation désagréable pour l'un des partis.

MA GRAND-MÈRE DISAIT ÇA, AUSSI

« Se faire avoir comme un bleu. »

« N'avoir rien vu venir. »

« Les cordonniers sont toujours les plus mal chaussés »

Négliger pour soi ce que l'on fait pour les autres.

À L'ORIGINE. L'expression remonterait au XVIe siècle, elle serait issue d'une remarque de Montaigne dans ses *Essais* : « Quand nous voyons un homme mal chaussé, nous disons que ce n'est pas merveille, s'il est chaussetier. » De fait, c'est le comble de l'ironie ! L'expression s'est appliquée à tous les corps de métier : de même qu'un cordonnier n'a pas le réflexe de réparer ses chaussures alors qu'il le fait pour les autres, un médecin, par exemple, peut faire passer la bonne santé de ses patients avant la sienne.

AUJOURD'HUI. Le bon sens de cette expression explique qu'elle perdure. Le chauffeur, une fois le service terminé, reprend le volant de sa « caisse » ; l'artiste peintre vit entre quatre murs à la peinture défraîchie ; l'homme d'État oublie de payer ses impôts.

LA PART DE SAGESSE. Il faut aussi penser à soi.

PROVERBE

« Qui se mêle du métier d'autrui trait sa vache dans un panier. »

« S'occuper de ses oignons »

S'occuper de ses affaires.

À L'ORIGINE. L'expression date du XXe siècle et a valeur de conseil : il faut se mêler de ce qui nous regarde. Mais pourquoi le mot « oignon » ? La réponse se trouve dans l'argot, où il désigne ni plus ni moins l'anus et, par conséquent, les fesses ! Et quoi de plus pertinent que la référence à son anatomie pour convaincre un indiscret de remettre le nez dans ses affaires ?

AUJOURD'HUI. L'expression est encore bien présente. Souvent employée à l'impératif, elle est sans appel.

MA GRAND-MÈRE DISAIT ÇA, AUSSI

« Occupe-toi de tes pieds ! »

« Mêle-toi de tes fesses ! »

LE CORPS ET L'APPARENCE PHYSIQUE

CHAPITRE 4

Le corps

L'âge

L'habillement

1. LE CORPS

N'avoir que la peau sur les os, être maigre comme un coucou, c'est beaucoup moins charmant qu'être haut comme trois pommes. Et c'est peu redoutable face à une armoire à glace…

« *Être taillé comme une armoire normande* »

Avoir une silhouette massive.

À L'ORIGINE. L'expression révèle d'elle-même sa source : la Normandie. Les armoires normandes étaient des meubles massifs, larges, volumineux. Elles contenaient tout le linge de maison qui constituait la dot de la mariée. Il arrivait que, par crainte d'abîmer ces ouvrages de qualité, brodés à la main ou en pur coton, on les garde ainsi enfermés jusqu'à sa mort ! Une armoire normande correspond ni plus ni moins à un homme ou une femme à la forte carrure, à la silhouette imposante, grande et musclée. Mais la comparaison n'est guère élogieuse, on semble décrire un colosse peu commode.

AUJOURD'HUI. Cette expression perdure sur tout le territoire, même si ces phénoménales armoires n'ont plus leur place dans les habitations modernes.

MA GRAND-MÈRE DISAIT ÇA, AUSSI

« Être taillé comme une armoire à glace. »

« Une vraie jument de carrière ! »

À TRAVERS
LA LITTÉRATURE

« Tu parles fort ; tu veux déjà – haut comme trois pommes, dirait ta mère – avoir une voix de Monsieur. »

LES RUES DE LEVALLOIS,
ROGER RABINIAUX,
1964

« *Être haut comme trois pommes* »

Être tout petit.

À L'ORIGINE. Cette expression est plutôt récente, on n'en trouve trace dans la littérature qu'à partir du début du XXᵉ siècle. Elle s'inspire des fruits qui tombent du pommier et que l'on retrouve à son pied, parfois les uns sur les autres. L'exagération est ici de mise, car il est impensable qu'un homme fasse la taille de trois pommes. On s'imagine sans peine dans un conte de fées, on ne voit cela que dans les livres.

MA GRAND-MÈRE DISAIT ÇA, AUSSI

« Tout ce qui est petit est mignon. »

AUJOURD'HUI. L'expression n'est en rien démodée. Elle désigne surtout les enfants qui commencent à marcher. Rien n'est à leur hauteur.

LA PART DE SAGESSE. L'imagination a la part belle dans cette expression qui a le pouvoir de faire rêver. Une pomme, cela aurait fait trop petit pour décrire la taille d'un être humain, deux, c'est encore minuscule, mais trois, ce n'est pas ridicule, cela pourrait être la taille d'un Schtroumpf !

« *N'avoir que la peau sur les os* »

Être très maigre.

À L'ORIGINE. Cette expression imagée remonte au XIIᵉ siècle. La pauvreté allait de pair avec la maigreur, conséquence d'une diète forcée. La famine persistait autant dans les campagnes que les villes. C'est pour accueillir ces misérables que des refuges et institutions charitables ont été créés à la fin du XIᵉ siècle.

AUJOURD'HUI. Si l'expression fait toujours partie de notre langage, elle est désormais exagérée dans nos régions. Elle permet d'interpeler quelqu'un sur sa perte de poids, mais on reste loin de l'image de cadavre qu'elle véhicule. Elle s'applique aussi à la faune, y compris aux animaux domestiques maltraités et abandonnés qui ne mangent pas à leur faim.

LA PART DE SAGESSE. Semblable à une sonnette d'alerte, l'expression retrouve sa valeur d'autrefois dans les pays pauvres où le contraste avec notre société de consommation est immense.

MA GRAND-MÈRE DISAIT ÇA, AUSSI

« Être maigre comme un coucou. »

« Ne pas payer de mine »

Avoir un aspect peu engageant.

À L'ORIGINE. Cette expression, qui remonte au début du XIXe siècle, qualifie une personne à l'allure peu avenante. Cependant, elle était énoncée bien avant sous une tournure positive. Ainsi, dès la fin du XVIe siècle, on disait de quelqu'un qui avait un physique avantageux, engageant, qu' « il payait de mine ». Le verbe signifiait alors « faire preuve de qualités ». Plus tard, on utilisa la forme restrictive : on désignait par « il ne paie que de mine » un individu dont l'apparence était trompeuse, moins brillante qu'elle n'en avait l'air au premier abord.

AUJOURD'HUI. L'expression demeure employée sous sa forme négative. Si elle traduit parfois un sentiment de méfiance, elle révèle surtout le gouffre qui peut exister entre un extérieur peu reluisant et un caractère noble. De la même manière, on peut appliquer ces propos à bien des choses, tel un plat semblant peu goûteux.

LA PART DE SAGESSE. Mieux vaut réserver son jugement, on vient peut-être de croiser la crème de la crème.

PROVERBE

« Mors doré ne rend pas le cheval meilleur. »

À TRAVERS LA LITTÉRATURE

« La dépouille de l'âne
est un masque admirable :
Cachez-vous bien dans cette peau.
On ne croira jamais,
tant elle est effroyable,
Qu'elle renferme rien de beau. »

PEAU D'ÂNE, CHARLES PERRAULT, 1694

2. L'ÂGE

Avoir des fleurs de cimetière, c'est bien poétique, mais cela ne plaît guère, ça sent le sapin, il est temps de se ranger des voitures… Pourtant, ne dit-on pas que c'est dans les vieux pots qu'on fait la meilleure soupe ?

« Avoir des fleurs de cimetière »

Avoir des taches de vieillesse.

À L'ORIGINE. Ancienne et rurale, cette expression est le reflet d'un langage populaire, poétique et délicat. On appelle fleurs de cimetière ces taches brunes redoutées qui sont disséminées sur la peau d'une personne âgée, signe que la mort se rapproche… Jadis, on essayait de lutter contre ce vieillissement cutané avec des produits de sorcière, mixtures à base de plantes et de poudre de perlimpinpin.

AUJOURD'HUI. Cette expression est toujours utilisée. Elle révèle bien le déploiement inévitable de la vieillesse. Ces taches en sont l'un des premiers signes extérieurs à déplorer. Nos douces et fines mains de fées perdent leur teinte uniforme.

LA PART DE SAGESSE. La poésie atténue la réalité du constat, car ces fleurs-là ne sont guère accueillies avec joie. Et merci pour le « cimetière » qui annonce la mort à peine la cinquantaine sonnée !

À TRAVERS LA LITTÉRATURE

« La beauté est passagère, c'est un bien provisoire… »

UN TRAMWAY NOMMÉ DÉSIR, TENNESSEE WILLIAMS, 1945

« *Ce n'est pas un perdreau de l'année* »

Ne pas être toute jeune.

À L'ORIGINE. Cette expression est née dans les milieux traditionnels de la chasse. Tirer sur un perdreau, à la chair tendre, était une aubaine. Quelle belle prise pour qui songeait à régaler la compagnie ! Si le gibier n'était pas de l'année, on faisait moins le fier. C'est cette distinction que traduit l'expression, véritable pléonasme : un perdreau n'est autre qu'une jeune perdrix de l'année… Qualifier ainsi une personne revient à dire qu'elle est plutôt âgée.

AUJOURD'HUI. L'expression est toujours employée ; elle est l'arme idéale des jaloux lorsqu'un homme déambule avec sa nouvelle amourette. Car la belle, à première vue, n'est pas née de la dernière averse. Elle aurait même plusieurs heures de vol. Mais qu'est-ce que ça peut bien faire ?

L'HUMOUR POUR LE DIRE

Une bonne manière de rabattre le caquet à l'homme qui fait le coq avec sa comparse, une poule, une pintade, une dinde, une oie blanche, que sais-je…

MA GRAND-MÈRE DISAIT ÇA, AUSSI

« C'est dans les vieilles marmites qu'on fait les meilleures confitures. »

« *C'est dans les vieux pots qu'on fait la meilleure soupe* »

Il faut se fier à l'expérience des plus âgés.

À L'ORIGINE. Le pot de terre ou en fer, en permanence sur le feu, était inusable. Il ne pouvait rendre l'âme. Mieux encore, plus il était sollicité, meilleure était la soupe ; les résidus des anciennes préparations se mêlaient aux nouvelles, donnant lieu à de savoureux mélanges. L'image s'est transposée au genre humain : les vieilles méthodes ont fait leurs preuves. Plus grand est le nombre d'années, plus grande est l'expérience. En quelque sorte,

AU CINÉMA

« Madame Robinson, ne seriez-vous pas en train de me séduire ? »

LE LAURÉAT,
MIKE NICHOLS,
1967

AU CINÉMA

« C'est l'angoisse du temps qui passe qui nous fait tant parler du temps qu'il fait. »

LE FABULEUX DESTIN D'AMÉLIE POULAIN,
JEAN-PIERRE JEUNET, 2001

les personnes se bonifient elles aussi avec le temps. L'expression occupe notamment une place de choix dans le discours érotique : une femme mûre serait plus expérimentée que les plus jeunes…

AUJOURD'HUI. L'expression est elle-même indémodable bien qu'elle échappe aux inconditionnels du prêt-cuit, prêt à réchauffer, prêt à décongeler.

LA PART DE SAGESSE. Il est normal que l'expérience ait affiné le raisonnement et l'acuité du jugement des plus âgés. Cependant, n'oublions pas cette célèbre phrase du *Cid* de Corneille : « Aux âmes bien nées, la valeur n'attend point le nombre des années. »

« Ça sent le sapin »

La fin est proche.

À L'ORIGINE. Cette ancienne expression prend sa source dans les milieux forestiers où l'on abattait les conifères et débitait le sapin. Mais celui-ci jouissait d'une funeste réputation… Servant à la fabrication des cercueils, lesquels étaient aussi appelés en argot « redingotes de sapin », il diffusait l'odeur de la mort.

AUJOURD'HUI. L'expression n'a pas pris une ride. On l'utilise pour désigner une fin de vie, une maladie à un stade avancé, ou bien lorsqu'on entrevoit l'achèvement d'un état, d'une activité, d'une situation, tel un rôle au sein d'une entreprise. La cessation d'activité n'est pas officielle, mais elle est imminente.

LA PART DE SAGESSE. Les plus intuitifs pressentent les événements et l'achèvement des faits avant que sonne le glas. L'odeur du sapin n'est qu'un indice…

3. L'HABILLEMENT

Être sur son trente-et-un ou habillé en dimanche, c'est chic, ça fait bon genre. On a beau dire que l'habit ne fait pas le moine, on n'attire guère les compliments quand on est attifé comme l'as de pique…

MA GRAND-MÈRE DISAIT ÇA, AUSSI

« Faire pauvre ne veut pas dire être pauvre. »

« L'habit ne fait pas le moine »

Il ne faut pas se fier aux apparences.

À L'ORIGINE. Ce proverbe, apparu au XIIIe siècle, exprime la différence entre l'image que l'on donne et ce que l'on est véritablement. L'origine de cette expression est incertaine, plusieurs explications ont été proposées par les historiens. L'une d'elles prend sa source dans une phrase latine dont Plutarque serait l'auteur, « *non facit philosophum* », qui se traduit par « la barbe ne fait pas le moine ». Une autre explication remonte au XIIIe siècle : afin de s'emparer de la forteresse du Rocher de Monaco, alors sous domination génoise, François Grimaldi – ancêtre de la famille princière – et ses hommes se seraient déguisés en moines demandant refuge pour la nuit…

AUJOURD'HUI. L'expression est courante. Elle a trait tant au domaine de l'être et du paraître que de la richesse et de la pauvreté.

LA PART DE SAGESSE. L'habit fait le moine lorsque le personnage se montre comme il veut paraître parce que tel est le reflet de lui-même.

L'HUMOUR POUR LE DIRE

S'habiller en riche quand on est pauvre est une coquetterie, s'habiller en pauvre quand on est riche est une tromperie.

MA GRAND-MÈRE DISAIT ÇA, AUSSI

« Mettre ses habits du dimanche. »

« Être sur son trente-et-un. »

« S'habiller en dimanche »

Être bien habillé.

À L'ORIGINE. Cette expression ancienne a pris racine dans les milieux chrétiens. Le dimanche étant le « jour du Seigneur », il fallait se rendre à l'église bien vêtu et soigné. On enfilait alors ses plus beaux habits. Après la messe, les gens du village se rencontraient, s'amassaient en petits groupes pour parler de la pluie et du beau temps, jaser, cancaner. L'occasion aussi de pavaner dans ses habits du dimanche.

AUJOURD'HUI. Si cette expression demeure charmante, l'employer est un réflexe d'enfant de l'époque d'antan. Elle évoque une ambiance dominicale particulière liée à la messe, certes, mais aussi au repos, aux bons repas... Désormais, on veille à sa tenue que ce soit pour aller au travail ou à un rendez-vous. On dit seulement : « On s'habille. »

« Tu vas attraper la mort habillée comme ça ! »

Couvre-toi, tu vas attraper froid !

L'HUMOUR POUR LE DIRE

« C'est le péché qui passe ! », lançaient les religieuses aux jeunes filles à la vue d'un garçon.

À L'ORIGINE. L'expression est typique du langage des grands-mères, soucieuses de la bonne santé de leur descendance, notamment des filles. Il fallait bien se couvrir pour ne pas attraper la mort. Il suffisait d'avoir oublié son écharpe, ses gants de laine ou son bonnet, de ne pas avoir mis la capuche par-dessus le bonnet pour que grand-mère soit dans tous ses états. D'autant qu'une femme devait être coiffée, pas question de montrer sa chevelure ! C'est pourquoi ce n'était pas seulement une question de santé mais aussi de bienséance… L'expression ne se cantonnait pas à la météo. Il était question d'allure, celle qui allait avec la démarche adoptée dans la rue pour ne pas attirer les garçons comme des mouches.

AUJOURD'HUI. Bien qu'elle soit désuète, l'expression est toujours employée par les grands-mères. A-t-on une jupe trop courte qui laisse filer le vent, et c'est le rhume assuré ; la gorge découverte, et c'est la grippe à tous les coups.

« Être fagoté comme l'as de pique »

Avoir une tenue qui ne ressemble à rien.

À L'ORIGINE. L'expression date du XVIIe siècle. « As de pique » était alors une insulte lancée à un personnage imbécile et laid, chétif ou mal bâti. Ces propos s'adressèrent ensuite à quelqu'un d'étrange, de drôle. Ils s'enrichirent du verbe « fagoter », issu de « fagot », dont les tiges et les branches dépassaient de tous côtés s'il était mal ficelé. Cette image a été transposée à l'habillement pour désigner une personne à la tenue désordonnée, dont le résultat est plutôt insolite.

AUJOURD'HUI. L'expression est toujours utilisée sur le ton de l'ironie et de la moquerie. On imagine un personnage qui aurait boutonné vendredi avec dimanche, les lacets défaits, les chaussures dépareillées.

LA PART DE SAGESSE. Le look que l'on imprime dans la tête des autres n'est pas qu'une question d'appréciation personnelle : il dérange autrui lorsqu'il n'est pas en harmonie avec le bon goût établi.

MA GRAND-MÈRE DISAIT ÇA, AUSSI

« Être attifé comme l'as de pique. »

« Boutonner vendredi avec dimanche. »

EN CHANSON

*« Le bon roi Dagobert
A mis sa culotte
à l'envers. »*

« LE BON ROI DAGOBERT », XVIIIE SIÈCLE

MA GRAND-MÈRE DISAIT ÇA, AUSSI

« Un rien l'habille ! »

« Aux belles filles, tout va ! »

Une fille bien faite met l'habit en valeur.

À L'ORIGINE. Moult générations ont vu passer cette expression. Il suffisait d'avoir un joli minois et une silhouette harmonieuse pour faire honneur à la mode. Quel qu'il fût, le vêtement tombait toujours bien, marquant la taille, s'adaptant aux épaules, de belle longueur… Et si, à l'inverse, on proposait à cette même beauté un vêtement de quat'sous, ce bout de chiffon devenait d'un chic inouï.

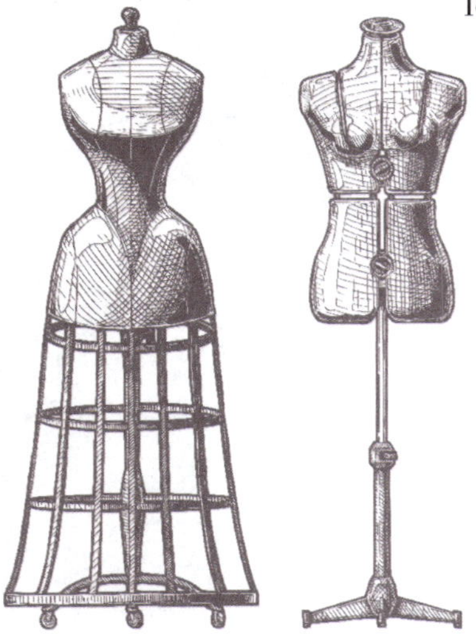

AUJOURD'HUI. Il semble que l'expression soit moins courante. Elle est surtout adressée comme compliment à une jeune femme qui aurait un vêtement original, difficile à porter en toutes circonstances. Alors au lieu de parler de l'habit, on flatte la personne. En clair, c'est toujours elle que l'on remarque.

« Être tiré à quatre épingles »

Être habillé avec soin et élégance.

À L'ORIGINE. Au XVIIIe siècle, l'expression définissait quelqu'un « mis de bon air et de bon goût, vêtu avec art, avec symétrie ». Cela a renforcé ce que l'on entendait au siècle précédent, à savoir qu'une personne vêtue d'habits ajustés était « bien tirée ». Ces propos se sont ensuite enrichis des « quatre épingles », en référence à celles nécessaires pour tendre les coins d'une étoffe. À noter que ce chiffre illustre aussi la perfection. Ne dit-on pas « se mettre en quatre » ?

À TRAVERS LA LITTÉRATURE

« Tu as toujours été belle,
ondulée,
tirée à quatre épingles,
élégante, brillante. »

PARENTS TERRIBLES,
JEAN COCTEAU,
1938

AUJOURD'HUI. L'expression est bel et bien employée de nos jours, mais elle a pris une connotation nouvelle. Elle peut être négative et adressée avec ironie : une tenue chic ne peut convenir en tous lieux et en toutes circonstances.

LA PART DE SAGESSE. Ne pas trop en faire, tel est l'adage de l'élégance.

MA GRAND-MÈRE DISAIT ÇA, AUSSI

« Habillé comme un sapin de Noël ! »

« *Être propre comme un sou neuf* »

Être très propre.

À L'ORIGINE. L'expression, expliquée en 1845 par le linguiste Bescherelle, désigne une personne ou un objet d'une extrême propreté. Elle était au départ formulée ainsi : « propre comme un sou ». L'image est parlante, elle renvoie à une monnaie éclatante, sans tache ni rayure, comme si elle venait d'être astiquée ou frappée. C'est seulement à la fin du XIXe siècle que s'est greffé l'adjectif « neuf », corroborant l'explication antérieure et donnant plus de coffre à la formule.

AUJOURD'HUI. On utilise encore l'expression même si l'image laisse quelque peu songeur : si le sou neuf est bel et bien l'illustration de la propreté, il a tôt fait, une fois mis en circulation, de visiter toutes les poches et de devenir un nid à microbes.

MA GRAND-MÈRE DISAIT ÇA, AUSSI

« Propre à manger par terre. »

« Propre comme une écuelle à chat. »

« Propre comme un chat. »

L'INTELLIGENCE ET LA SENSIBILITÉ

CHAPITRE 5

L'intelligence

Les sentiments et les émotions

1. L'INTELLIGENCE

Dans notre société, pas besoin d'avoir fait Polytechnique pour le dire, mais mieux vaut avoir du gingin qu'être considéré comme bête à manger du foin, car ça, c'est vache !

« Avoir du gingin »

Avoir de l'esprit.

À L'ORIGINE. Ce curieux mot, « gingin », date de 1867 et signifie avoir du jugement, de la raison, de la jugeote. Il a été constitué à partir du mot « engin » et de la répétition de sa dernière syllabe, désignant ainsi le cerveau, censé commander l'esprit et le corps.

AUJOURD'HUI. Cette expression familière est toujours d'actualité. On l'emploie pour désigner quelqu'un qui a fait une trouvaille ou une réflexion pertinente, preuve que son cerveau est en pleine action. Elle se substitue parfois à ce geste, ou l'accompagne : la main s'active près des tempes, roulant et turbinant comme un moteur. L'image est pittoresque, car de cette manière on fait référence à l'engin qui se trouve nulle part ailleurs que dans le crâne.

LA PART DE SAGESSE. C'est à prendre ou à laisser. Soit on utilise l'expression pour encenser une personne qui a du génie, soit, au contraire, pour pointer du doigt une réflexion d'une extrême platitude. Dans cette situation, l'expression et le geste ont valeur de boutade.

MA GRAND-MÈRE DISAIT ÇA, AUSSI

« Il en a, là-dedans ! »

« Il en a dans la tête ! »

« Pas besoin d'avoir fait Polytechnique… »

N'importe qui est capable de faire ça.

À L'ORIGINE. L'expression renvoie à la création de l'École polytechnique, en 1794, ce célèbre établissement de haut niveau destiné à former les ingénieurs de demain. La sélection était réservée à l'élite, l'enseignement, exigeant. Aussi, cette expression populaire s'entendait lorsqu'une personne se targuait ou était félicitée après avoir accompli une tâche à la portée de tous. Autrement dit des félicitations seraient galvaudées.

AUJOURD'HUI. L'expression n'a pas pris une ride. De fait, il y a beaucoup d'appelés et peu d'élus, l'exigence est toujours le maître-mot de cette formation. Ouvrir une bouteille… est-ce que cela nécessite du génie ?

LA PART DE SAGESSE. Pour parvenir à ses fins, il faut s'appliquer et ne pas abandonner sous prétexte que l'on ne sait pas faire.

MA GRAND-MÈRE DISAIT ÇA, AUSSI

« Pas besoin d'avoir inventé le fil à couper le beurre. »

« Pas besoin de sortir de Saint-Cyr ! »

« Être bête à manger du foin »

Être stupide.

À L'ORIGINE. Cette expression date de la fin du XVIIIe siècle, elle s'adresse à une personne considérée comme stupide. Certes, manger du foin n'exige pas une grande intelligence, il s'agit d'une action mécanique qui consiste à remuer les mâchoires. Voilà qui ne valorise guère les ruminants, d'autant que l'insulte joue sur les deux sens du mot « bête ».

AUJOURD'HUI. Bien qu'elle soit encore utilisée, cette expression ne devrait pas gagner le milieu professionnel, car le per-

MA GRAND-MÈRE DISAIT ÇA, AUSSI

« Être bête à manger des chardons. »

« Être bête comme ses pieds ! »

« Être con comme la Lune ! »

« Il en tient une couche ! »

« Il n'a pas inventé la poudre… »

sonnel de recrutement a le nez fin. C'est pourquoi on qualifie surtout quelqu'un de bête à manger du foin – il faut vraiment en tenir une couche ! – quand on a une dent contre lui.

LA PART DE SAGESSE. Nul n'est épargné dans la liste des êtres vivants considérés comme « bêtes », à commencer par les animaux, tels les ruminants, mais aussi l'âne, le cheval, le cochon d'Inde… Et c'est sans compter tout ce qui, dans notre langage, est rattaché à la bêtise : les pieds, la Lune…

L'HUMOUR POUR LE DIRE

Depuis que je lui ai dit qu'il était bête à manger du foin, il rumine !

« *Avoir une araignée dans la coloquinte* »

Être dérangé.

À L'ORIGINE. Cette expression populaire est vieille comme le monde. Elle était réservée à un individu plutôt zinzin, qui avait un grain. La coloquinte, ce fruit non comestible proche de la pastèque et qui sonne creux quand on le toque, n'est autre qu'une métaphore de la tête (vide). De là à y trouver une araignée… On imagine l'anomalie. Il ne faut pas se voiler la face, avoir une toile dans le cerveau, c'est sûr que ça détourne le bon sens et l'entendement.

AUJOURD'HUI. On dit tout de même assez rarement « avoir une araignée dans la coloquinte », ce cucurbitacée étant absent des étalages de fruits mais présent au rayon des objets décoratifs. Un peu dérangée, la coloquinte ?

LA PART DE SAGESSE. L'expression est beaucoup plus riche que les simples « fou », « dingue » et « dérangé ». L'association de l'araignée et de la coloquinte, pour définir le comportement humain, est déjà une alerte. Ça déménage.

MA GRAND-MÈRE DISAIT ÇA, AUSSI

« Avoir une araignée au plafond. »

« Être marteau. »

« Être piqué de la tarentule. »

2. Les sentiments et les émotions

À force de se monter le bourrichon, on finit par avoir la tête près du bonnet, les nerfs en pelote… Pour relativiser et éviter le coup de grisou, grand-mère disait : « Tu ne vas pas te mettre la rate au court-bouillon pour ça ! »

L'HUMOUR POUR LE DIRE

À force de se monter le bourrichon, on a une araignée au plafond !

MA GRAND-MÈRE DISAIT ÇA, AUSSI

« Se monter la tête. »

À TRAVERS LA LITTÉRATURE

« Il passe sa vie à se monter et se démonter le bourrichon. »

CORRESPONDANCES, GUSTAVE FLAUBERT

« Se monter le bourrichon »

S'emballer, imaginer le pire.

À L'ORIGINE. Cette vieille expression repose sur le mot « bourrichon », qui signifie « tête », et est issu de l'argot « bourriche », c'est-à-dire « panier ». Jadis, il était courant que la tête soit confondue avec un ustensile ou un appareil – on dit bien « avoir la tête comme une cafetière ». Aussi, une personne qui se monte le bourrichon s'échauffe l'esprit, elle s'emballe, s'abuse, voit les choses pires qu'elles ne sont. Sa vision des événements est biaisée.

AUJOURD'HUI. Cette expression fait toujours partie de notre langage, bien que le mot « bourrichon » ne soit guère employé autrement.

LA PART DE SAGESSE. Avoir des idées fixes, ressasser est néfaste pour l'esprit. Pourquoi se prendre la tête et charger la mule ?

« *Avoir la tête près du bonnet* »

Être susceptible, se mettre facilement en colère.

À L'ORIGINE. Au XVIe siècle, quand on disait avoir mis son bonnet de travers, cela indiquait ni plus ni moins qu'on était de mauvaise humeur. L'idée de susceptibilité a pris le pas. Elle s'est même amplifiée pour évoquer la colère subite qui emporte un personnage facilement irascible. Est-ce parce que le bonnet commençait à lui échauffer les oreilles ?

AUJOURD'HUI. L'expression a injustement vieilli car le port du bonnet, sinon de la capuche, est tout à fait moderne. Si ce premier maintient la tête, la capuche, elle, laisse passer l'air. De quoi s'aérer l'esprit et garder son sang-froid.

LA PART DE SAGESSE. Comment garder la tête froide si le bonnet vous met la tête en feu ?

MA GRAND-MÈRE DISAIT ÇA, AUSSI

« Prendre la mouche. »

« Être soupe au lait. »

À TRAVERS LA LITTÉRATURE

« *Le vent du sud qui vous met les nerfs en pelote et vous trousse à rebrousse-poil.* »

BOURLINGUER, BLAISE CENDRARS, 1948

« *Avoir les nerfs en pelote* »

Être très agacé, irrité.

À L'ORIGINE. Cette expression décrit avec charme et courtoisie une personne au bord de la crise de nerfs. Le mot « nerf » est issu du latin *nervus*, qui signifie « ligament » au sens propre, « force » et « vigueur » au figuré. Quant à la pelote, elle est un méli-mélo de fibres qu'on imagine se toucher, s'emmêler et provoquer de l'électricité dans le cerveau ; l'énergie est mise à mal.

AUJOURD'HUI. L'expression est toujours d'actualité bien qu'elle soit moins fréquente qu'« être à bout de nerfs ». Peut-être parce que la pelote renvoie à une toute autre connotation, la douceur d'une mamie tricotin…

MA GRAND-MÈRE DISAIT ÇA, AUSSI

« Ne pas être à prendre avec des pincettes. »

« Avoir les nerfs en boule. »

MA GRAND-MÈRE DISAIT ÇA, AUSSI

« Aimable comme un bonnet de nuit. »

« Manger de la soupe à la grimace »

Être confronté à une personne désagréable.

À L'ORIGINE. Cette expression renvoyait au comportement d'une personne acariâtre et grincheuse subi par un tiers, tel l'accueil hostile d'une épouse querelleuse. Servir la soupe à la grimace ne la rendait guère avenante, au contraire, elle était aimable comme une porte de prison. Elle cherchait la petite bête, s'apprêtait à lui chanter Ramona.

AUJOURD'HUI. L'expression est encore utilisée de nos jours, cependant, elle concerne davantage les enfants qui sont de mauvaise humeur. Évidemment, les termes de cette phrase relèvent de l'imaginaire, de l'invention, mais comme bien souvent, ce que l'on mange est révélateur de l'atmosphère ambiante.

LA PART DE SAGESSE. Subir des grimaces, bien différentes des drôleries du clown, n'est pas vraiment agréable, cela rend de mauvaise humeur et provoque le rejet.

MA GRAND-MÈRE DISAIT ÇA, AUSSI

« Voir la vie en noir. »

« Avoir le moral dans les chaussettes. »

« Avoir un coup de mou. »

« Avoir un coup de grisou »

Vivre un moment de tristesse.

À L'ORIGINE. L'expression a pris racine dans les mines. Le grisou est un gaz invisible et inodore qui se dégage des couches de charbon, mais s'il s'échappe des profondeurs et se mêle à 15 % d'air, cela provoque une explosion, comme l'a prouvé la catastrophe des mines de Courrières en 1906. C'est ce qu'on appelle le coup de grisou. Replacée dans le contexte de l'émotionnel, l'expression dénotait une déperdition de sa substance, de sa vigueur, on en avait les jambes coupées.

AUJOURD'HUI. L'expression est souvent employée en cas de microdépression ou lorsqu'un coup de fatigue induit une perte de moral. D'aucuns associent le mot « grisou » à la couleur grise, plutôt morose et signe d'averse. Après le coup de blues, les larmes !

MA GRAND-MÈRE DISAIT ÇA, AUSSI

« Se faire un sang d'encre. »

« Se faire de la bile. »

« Se faire du mauvais sang. »

« Se mettre la rate au court-bouillon »

Se faire du souci inutilement.

À L'ORIGINE. Cette expression a traversé bon nombre d'époques. Selon la fameuse théorie des humeurs, issue de la médecine antique, la rate était associée à l'atrabile, fluide considéré comme à l'origine de la mélancolie et de l'anxiété. Il fallait donc trouver comment « décharger » l'organe, seul moyen pour éviter de se faire du mauvais sang. Le tout a été associé au vocabulaire culinaire, qui renforce la notion de souci et l'idée que l'on rumine des heures durant, à petit feu, comme une viande cuisant au court-bouillon… L'expression indique donc qu'il est inutile de s'affliger des tourments.

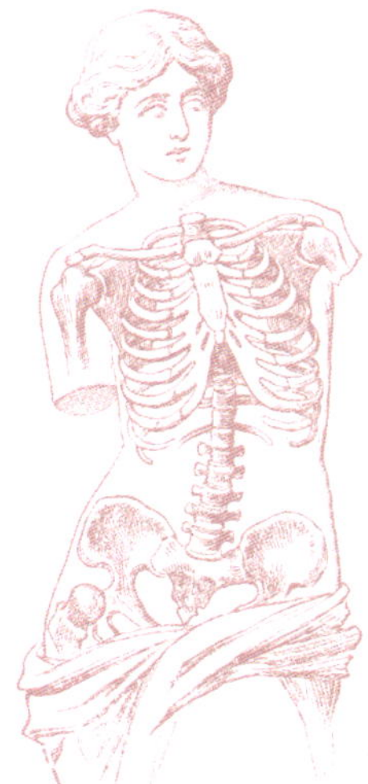

AUJOURD'HUI. Si cette expression nous est encore familière, les gens raffinés préfèrent avouer qu'ils se sont fait un sang d'encre, ce qui est phénoménal, car lorsque le sang change de couleur, c'est cuit. C'est aussi grave que la rate qui frémit dans un court-bouillon…

LA PART DE SAGESSE. Rien qu'à la prononcer, cette expression fait mal au cœur. Sacré pouvoir de la langue et belle force des mots.

EN CHANSON

« Je fais pas de bile
Je fais pas de souci
Tu sais, tu sais
que je t'aime ! »

« EMBRASSE-MOI », JEANNE MOREAU, 1963

MA GRAND-MÈRE DISAIT ÇA, AUSSI

« Avoir la tête des mauvais jours. »

PROVERBE

« Tout paraît jaune à qui a la jaunisse. »

« Faire une tête de six pieds de long »

Être abattu.

À L'ORIGINE. Cette expression est sans âge : elle se réfère à la mesure la plus ancienne de l'histoire qu'est le pied. L'image est donc parlante, un pied équivalent à 30,48 centimètres précisément… A-t-on jamais vu une tête de 1,8 mètre de long ? Cette exagération montre combien la tristesse pèse sur la personne affectée, d'autant qu'elle peut être rapprochée de la locution suivante, « être six pieds sous terre », qui indique la profondeur à laquelle les cercueils sont enterrés. Dans l'un comme dans l'autre, toute joie de vivre a disparu.

AUJOURD'HUI. L'expression, dont on peut noter la belle tournure de phrase et l'amusante invraisemblance, perdure. À surévaluer la dimension de la tête, on comprend que la tristesse décrite est innommable, sans fin, préoccupante.

« Avoir le bec enfariné »

Afficher imprudemment une confiance absolue.

À L'ORIGINE. On trouvait déjà l'expression sous la plume de Jean de La Fontaine dans sa fable « Le Chat et un vieux Rat ». Afin d'attraper les rongeurs, le félin mit en place une ruse : s'enfariner afin de passer inaperçu dans la huche. Mais restait un vieux rat qui ne se fit pas avoir, ridiculisant le chat qui avait crié victoire avant l'heure… Par ailleurs, en ces temps, le « bec », issu du latin *beccus* signifiant « gueule », était associé à la tête entière. Or, c'est au visage enfariné que

À TRAVERS LA LITTÉRATURE

*« Rien ne te sert d'être farine ;
Car, quand tu serais sac,
je n'approcherais pas. »*

« LE CHAT ET UN VIEUX RAT », *FABLES*, JEAN DE LA FONTAINE, 1678

l'on associait le comédien, assuré d'obtenir rires et applaudissements. Le concept de la farce sous-tend cette expression.

AUJOURD'HUI. L'expression est utilisée de nos jours pour qualifier les gens qui croient avoir gagné mais qui ne sont en réalité pas au bout de leurs peines. Cette situation fait également écho à la fin de la fable : « La méfiance / Est mère de la sûreté. »

LA PART DE SAGESSE. Il ne faut pas crier victoire avant l'heure, et encore moins narguer autrui en se croyant supérieur. En général, est bien pris qui croyait prendre.

« Pleurer comme une madeleine »

Sangloter sans retenue.

À L'ORIGINE. On a tendance à songer à la madeleine trempée dans le thé, à la petite madeleine de Proust qui ravive les souvenirs, mais il n'en est rien. Cette expression trouve sa source dans le Nouveau Testament. Lorsque la pècheresse Marie-Madeleine approcha le Christ pour se repentir, ses pleurs étaient tels qu'elle put lui laver les pieds. Aussi, on adresse cette phrase à une personne qui ne cesse de pleurer.

AUJOURD'HUI. Nullement désuète, l'expression s'est répandue au point que le prénom devienne un nom commun, s'adressant aux femmes comme aux hommes.

LA PART DE SAGESSE. Pleurer à chaudes larmes agit comme une purification, car cela permet d'évacuer ses tourments.

MA GRAND-MÈRE DISAIT ÇA, AUSSI

« Pleurer toutes les larmes de son corps. »

« Pleurer à gros bouillons. »

À TRAVERS LA LITTÉRATURE

« Il ne revint pas pour dîner, et rentra fort tard. Je vous le jure, je restai dans ma chambre à pleurer comme une madeleine, au coin de mon feu. »

PETITES MISÈRES DE LA VIE CONJUGALE,
HONORÉ DE BALZAC,
1830

MŒURS ET COMPORTEMENT

CHAPITRE 6

Attitudes

Langage et communication

1. ATTITUDES

Entre Gustave, franc comme un âne qui recule, Alphonse, qui passe sa vie à mentir comme un arracheur de dents, je préfère la compagnie de Georges, même s'il est vrai que le roi n'est pas son cousin.

« Comme on fait son lit on se couche »

On est responsable de ses actes.

À L'ORIGINE. Cette locution proverbiale s'affichait ainsi en 1831 dans *Le Livre des proverbes français* : « Qui mal fait son lit, mal couche et gît. » Cela avait valeur de mise en garde et devint un dogme transmis par les autorités parentales. Il fallait inciter plus jeune que soi à préparer son avenir en se donnant des bases sérieuses. Pour faire passer le message, on avait recours à une image simple mais éloquente : faire son lit chaque jour, un acte personnel à la portée de chacun et hautement bénéfique.

AUJOURD'HUI. L'expression est toujours utilisée et s'impose à une époque où il est nécessaire de bien préparer son futur. On construit soi-même le bon et le mauvais, on est responsable de ce qui nous arrive.

LA PART DE SAGESSE. Un lit froissé, véritable sac de nœuds tant les couvertures et les draps s'emmêlent, c'est la nuit blanche assurée. Mieux vaut prendre le temps de s'appliquer. La récompense est là, quand le sommeil nous gagne, suivi du confort des rêves…

L'HUMOUR POUR LE DIRE

Faire son lit, c'est faire le lit d'un long fleuve tranquille.

MA GRAND-MÈRE DISAIT ÇA, AUSSI

« Faire bien ce que l'on fait. »

« Franc comme un âne qui recule »

Être menteur.

À L'ORIGINE. Ce dicton normand n'a pas d'âge. Dans cette région où l'âne du Cotentin s'imposait, les observations et commentaires sur cet animal allaient bon train. On savait qu'il n'en faisait qu'à sa tête et détestait être commandé, surtout si on employait un ton autoritaire. Rien de tel pour le rendre têtu comme une mule, restant immobile, ne voulant rien entendre. En revanche, il se pouvait qu'il recule de quelques pas, faisant mine de manœuvrer ! Certes, il agissait de manière contre-nature, car l'âne déteste rétrograder, mais cela est bien la preuve d'un manque de franchise.

AUJOURD'HUI. L'expression est d'actualité. Elle figure dans les journaux en quête de formules-choc, par exemple lorsqu'un parti politique fait un pas en arrière et écrase les promesses annoncées. On ne sait pas toujours démêler le vrai du faux parmi les thèses qui expliquent ce revirement de situation.

LA PART DE SAGESSE. Agir en contradiction avec sa nature et ses promesses n'est pas un signe de sincérité.

MA GRAND-MÈRE DISAIT ÇA, AUSSI

« Être emprunté comme un manche à balai. »

« Avoir les deux pieds dans le même sabot »

Être empoté, inactif.

À L'ORIGINE. *A priori* archaïque, cette expression ne trouve trace qu'au XXe siècle, alors même que le port des sabots n'allait plus de soi… Faits de bois, très lourds, plutôt inconfortables, ils n'offraient pas une démarche légère. Mais ils étaient résistants et protégeaient les pieds, permettant d'aller aux champs et de s'occuper des bêtes. Et s'ils étaient larges, de là à pouvoir mettre les deux pieds dans le même sabot… Cela vous aurait laissé cloué au sol ! Cette image plutôt cocasse a donné naissance à cette expression, montrant du doigt une personne empotée, peu débrouillarde.

AUJOURD'HUI. L'expression demeure, tout aussi charmante. Les sabots ne sont pas aussi démodés qu'on le croit, la différence est qu'ils n'ont plus le même usage. Il y a toujours une marque ou l'autre pour créer des sabots d'apparat, loin des lourdes pièces de bois d'antan.

LA PART DE SAGESSE. Être passif, emprunté, incapable de bouger, c'est un obstacle pour avancer.

L'HUMOUR POUR LE DIRE

Comment peut-il trouver chaussure à son pied ? Il a les deux pieds dans le même sabot !

« *Le roi n'est pas son cousin* »

Être plus fier et heureux qu'un roi.

À L'ORIGINE. Cette expression a pour origine une locution du XVIe siècle : « Le roi n'est pas son ami. » La formule que l'on connaît désormais a été écrite en 1690 par l'homme de lettres Antoine Furetière : « On dit de celui qui a obtenu une chose qu'il souhaitait fort : maintenant, le Roi n'est pas son cousin. » Cela signifiait que cet individu, si fier et heureux, avait mille raisons de se considérer comme le roi en personne, incarnation même de la félicité. Être son cousin aurait été beaucoup trop faible, trop bas dans l'arbre généalogique et sur l'échelle du bonheur… Même la position du roi semble peu de chose. C'est une belle formule qui révèle que l'on a atteint le sommet de la gloire désirée.

EN CHANSON

« Je ne donnerais pas
ma place
Pour celle du voisin
Je ne donnerais pas ma place
Le roi n'est pas mon cousin. »

« JE NE DONNERAIS PAS MA PLACE », DANIELLE DARRIEUX, 1937

AUJOURD'HUI. Si elle n'est plus aussi fréquente que sous la monarchie, l'expression est encore en usage. Heureux comme un simple cousin du roi ? Même pas en rêve !

LA PART DE SAGESSE. Lorsqu'on est fier d'avoir obtenu ce qu'on souhaitait, seul compte le bonheur qui nous accapare. On se dit le plus heureux de la terre. Et on est sincère.

MA GRAND-MÈRE DISAIT ÇA, AUSSI

« Il ment comme il respire. »

« Avoir le nez qui s'allonge. »

« Mentir comme un arracheur de dents »

Être un fieffé menteur.

À L'ORIGINE. Cette expression date du XVIIe siècle. Néanmoins, l'« arracheur de dents » existait déjà dans la langue française. Exercer ce métier autrefois, c'était disposer d'un matériel sommaire. Pour arracher les dents cariées, on avait recours à des outils qui ressemblaient fort à ceux du jardinier ou du menuisier. Alors il fallait bien convaincre le patient de se laisser faire, quitte à mentir en lui disant que c'était indolore. Après ce gros mensonge, l'arracheur de dents pouvait opérer.

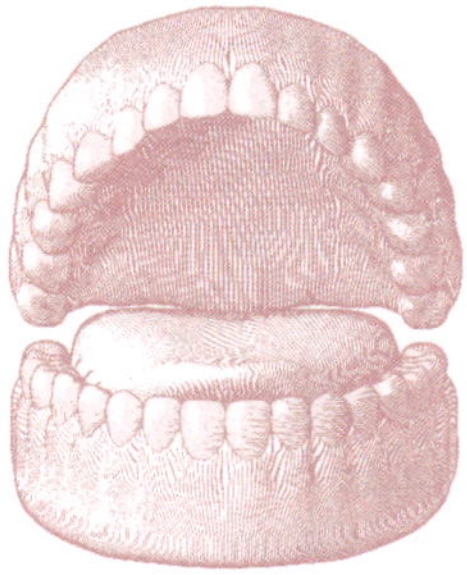

AUJOURD'HUI. L'expression n'est pas démodée pour désigner un sacré menteur. Mais, de nos jours, les chirurgiens-dentistes n'ont plus aucune raison de tromper leurs patients, le matériel performant et leur savoir-faire évitent la souffrance, dans la plupart des cas.

LA PART DE SAGESSE. Mentir pour éviter le stress, l'appréhension pour, au final, ôter les dents qui vont infecter le corps, est-ce bien ou mal ? C'est toujours la question philosophique qui se pose dans le mensonge.

À TRAVERS LA LITTÉRATURE

« Qui ment comme il respire s'étouffe. »

LE LIVRE DE LA DÉRAISON SOURIANTE,
ROBERT SABATIER,
1991

« Ça ne casse pas trois pattes à un canard »

Il n'y a rien d'extraordinaire là-dedans.

À L'ORIGINE. L'expression a été attestée il y a près d'un siècle, dans les années 1920. On définissait ainsi une action banale. Et quand on employait la forme personnelle « Il n'a pas cassé trois pattes à un canard », c'est que la capacité de réflexion du personnage était mise en doute. On pensait que ça ne volait pas haut. On ne prêtait guère d'attention au fait de casser les pattes de l'anatidé, cet acte dénotant une débilité mentale certaine additionnée d'un cynisme magistral, mais on s'intéressait au chiffre trois. Évidemment, on n'a jamais vu un canard à trois pattes.

AUJOURD'HUI. Cette expression perdure pour décrire des faits d'une extrême banalité, qui n'ont rien d'extraordinaire. Elle s'énonce facilement et son caractère insolite frappe les esprits.

LA PART DE SAGESSE. Briser trois pattes à un canard relève de l'impossible, encore heureux !

MA GRAND-MÈRE DISAIT ÇA, AUSSI

« Ça vole pas haut ! »

« Ça casse pas des briques ! »

L'HUMOUR POUR LE DIRE

Attention à ne pas jeter la vérité toute nue à la tête du sceptique, il vous volerait dans les plumes !

« Ne pas y aller par quatre chemins »

Ne pas hésiter, aller droit au but.

À L'ORIGINE. L'expression remonte à la fin du XVIIe siècle, époque à laquelle les routes n'étaient pas nombreuses. On optait pour une voiture à cheval pour les déplacements les plus longs. Il n'était pas question de rallonger le trajet, malgré le charme des petits chemins de traverse. Il ne fallait pas prendre le risque de s'égarer, de perdre du temps et, surtout, de tomber sur des bandits…

AUJOURD'HUI. On utilise encore cette expression, mais elle n'a plus rien à voir avec la route. Elle renvoie désormais à une action que l'on mène sans hésiter. Il faut être efficace, faire vite, se décider et opter pour la meilleure façon d'avancer. Elle s'applique également à un langage franc et honnête.

LA PART DE SAGESSE. Lorsqu'il faut prendre une décision, les détours sont inutiles, il faut choisir la solution la plus efficace : inutile de tourner autour du pot.

« Chacun pour soi et Dieu pour tous »

Penser d'abord à soi, les autres n'ont qu'à se tourner vers Dieu.

À L'ORIGINE. L'expression latine est la suivante : *Quisque sibi et Deus omnibus.* Lorsque se succédaient guerres, famines et épidémies, elle prenait tout son sens. En clair, il fallait sauver sa peau. Les naufragés dans la tourmente pouvaient avoir le même état esprit. Pour tous, indépendamment les uns des autres, il ne restait plus qu'une chose à faire : s'en remettre à Dieu, censé protéger toutes ses brebis.

AUJOURD'HUI. L'expression perdure, mais elle interroge. Elle fait la part belle à l'individualisme, bien loin de la compassion et du partage prônés par la chrétienté. Elle met en avant une morale qui tend à assurer ses biens, son confort moral, et ce, sans se préoccuper d'autrui.

LA PART DE SAGESSE. L'énoncé est plutôt radical, mais il faut reconnaître la philosophie qui s'en dégage. Dans une situation difficile, si l'on ne commence pas par songer à soi et se protéger, comment s'occuper des autres ?

MA GRAND-MÈRE DISAIT ÇA, AUSSI

« Après moi, le déluge ! »

« On n'est jamais si bien servi que par soi-même. »

2. LANGAGE ET COMMUNICATION

Avez-vous entendu mon voisin parler comme un charretier ? C'est édifiant. « Il ne faut pas en faire tout un plat », rétorque ma grand-mère après avoir tourné sept fois sa langue dans sa bouche. Alors parlons peu, parlons bien… C'est kif-kik bourricot !

« Pas de messe basse sans curé »

On ne discute pas en aparté dans une assemblée.

À L'ORIGINE. L'expression vient de « dire des messes basses », locution que l'on entendait à la fin du XIXe siècle. Elle renvoie à la distinction que l'on faisait entre la messe basse et la messe chantée. Il n'était pas rare, en effet, que le prêtre marmotte des prières incompréhensibles devant l'assemblée de fidèles. Au fil du temps, « sans curé » s'est greffé à l'expression première, donnant cette fameuse mise en garde. Autrement dit il faut cesser de parler à voix basse lorsqu'on n'en a pas la fonction.

AUJOURD'HUI. Si elle n'est pas éteinte, l'expression est beaucoup moins employée. En général, elle est destinée à des enfants indisciplinés à l'école ou à table, ou bien à des gens qui chuchotent sans scrupule pendant les conférences…

LA PART DE SAGESSE. Dans une assemblée, le moindre chuchotement nous est perceptible et s'amplifie au point de masquer le discours de l'orateur, ce qui provoque une gêne certaine et nuit à notre attention. Un cruel manque de courtoisie.

MA GRAND-MÈRE DISAIT ÇA, AUSSI

« Motus et bouche cousue ! »

PROVERBES

« Ce qui se conçoit bien s'énonce clairement. »

« Trop parler nuit, trop gratter cuit. »

« Parlons peu mais parlons bien ! »

Évitons les longs discours qui ne vont pas à l'essentiel.

À L'ORIGINE. L'expression est apparue au XIXe siècle. On l'utilisait au moment de régler une affaire. Il fallait conclure, abréger la conversation. Fini, les formules de politesse et les papotages ! L'essentiel devait prévaloir.

AUJOURD'HUI. Très actuelle, cette formule s'entend régulièrement dans les repas d'affaires. La conclusion coïncide avec le dessert. En bref, pas de paroles inutiles : on résume, on se remet en tête les grandes lignes pour savoir où l'on va. Soit le débat est clos, soit on ouvre l'agenda pour inscrire un prochain rendez-vous.

LA PART DE SAGESSE. Parler avec art, faire de grandes envolées, c'est magnifique. Le souvenir du plaisir du mot, du ton, de la voix est une chose, mais seule la conclusion va rester dans la tête de l'auditeur. D'où le poids des (derniers) mots !

« Parler comme un charretier »

Parler vulgairement.

MA GRAND-MÈRE DISAIT ÇA, AUSSI

« Jurer comme un charretier embourbé. »

À L'ORIGINE. Cette expression ancienne montre combien les métiers avaient de l'influence sur le langage. Les charretiers, qui transportaient bois, bidons de lait et autres marchandises à l'aide de petites carrioles menées par un cheval, n'avaient pas un langage plus fleuri qu'autrui. Cependant, ils s'adressaient à l'animal à coups de monosyllabes : « Hue ! » pour avancer, « Ho ! » pour s'arrêter. C'était simple et restrictif.

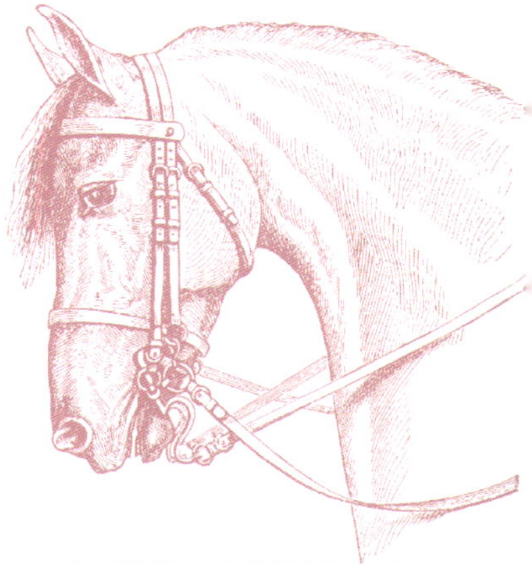

Il fallait envoyer des ordres clairs, sans prendre de gants. En revanche, les charretiers qui tiraient leur charrette à bout de bras, sans doute épuisés par la tâche, lançaient des jurons accompagnés de crachats.

AUJOURD'HUI. L'expression est devenue assez rare. Ironiquement, on parle d'un langage châtié pour désigner quelqu'un qui, à l'inverse, emploie un beau langage.

LA PART DE SAGESSE. La plus belle référence pour le « parler bien » est sans doute celle-ci : parler comme un livre.

« *Grand "parleux", petit "faiseux"* »

Celui qui parle beaucoup agit peu.

À L'ORIGINE. L'expression remonte à une époque très lointaine. En Normandie, la locution s'écrivait ainsi : « Grand diseu, p'tit faiseu », exempte de la lettre *x*, contrairement à la phrase usitée dans d'autres régions. Au XVIIe siècle, Blaise Pascal avait employé cet aphorisme : « Diseur de bons mots, mauvais caractère. » On visait non pas un personnage versatile mais nuisible. Le « diseur de bons mots » – et non pas « diseu », le suffixe -eur apportant ici une note péjorative – était celui que l'on écoutait pour son esprit brillant, mais qui pouvait aussi tenir des propos moqueurs et malveillants. L'expression a pris de l'importance et s'est transformée en dicton.

AUJOURD'HUI. Très actuelle, cette locution figure souvent dans la presse économique et politique qui relate les rencontres patronales et syndicales.

MA GRAND-MÈRE DISAIT ÇA, AUSSI

« *Se faire embobiner.* »

« *C'est de la poudre aux yeux !* »

« *Avoir la langue bien pendue.* »

« *Avoir la verve facile.* »

À TRAVERS LA LITTÉRATURE

« *Tu causes, tu causes, c'est tout ce que tu sais faire !* »

ZAZIE DANS LE MÉTRO, RAYMOND QUENEAU, 1959

LA PART DE SAGESSE. Être capable d'envoûter une salle pour annoncer la bonne nouvelle, c'est agréable à entendre, mais cela ne suffit pas si l'on n'agit pas en conséquence.

« C'est kif-kif bourricot ! »

C'est du pareil au même.

L'HUMOUR POUR LE DIRE

« C'est bonnet blanc et blanc bonnet. »

JACQUES DUCLOS

« Soyez beau ou soyez vilain. Pour la santé, c'est kif-kif bourricot. »

ALPHONSE ALLAIS

À L'ORIGINE. L'expression existe depuis la première moitié du XIXe siècle. Le mot « kif » a été doublé pour donner la locution « kif-kif », véhiculée par les soldats d'Afrique du Nord dans les années 1830. Il est issu de l'arabe maghrébin et signifie « comme » ou « pareil » ; il provient lui-même de l'arabe courant *kayfa*, à traduire par « comment ». L'ajout de « bourricot » s'explique quant à lui par une expression arabe similaire voulant dire « c'est du pareil au même ». Ainsi s'adressait-on à son interlocuteur, un âne qui n'avait même pas compris que c'était égal.

AUJOURD'HUI. Largement employée dans le langage courant comme dans la presse, cette expression remporte toujours du succès. Dans les écoles d'Algérie, on appelle également bourricot un élève qui ne sait ni lire ni écrire.

LA PART DE SAGESSE. Ici comme ailleurs, l'âne n'est pas considéré comme intelligent… On confond buté et bête, entêté et sans tête, c'est une erreur ! Rien dans la tête !

« Tourner sa langue sept fois dans sa bouche »

Prendre le temps de réfléchir avant de parler.

À L'ORIGINE. Cette expression trouve sa source dans la Bible, où elle est attribuée à Salomon qui évoquait ainsi la philosophie du sage : « La langue des sages améliore la pénétration ; la bouche des fous exprime la démence. » Ce n'est toutefois qu'en 1832 qu'elle prit place dans le *Dictionnaire de l'Académie française* sous forme de proverbe. Le conseil est le suivant : il faut avoir pesé le pour et le contre avant de prendre la parole. On imagine le dur travail de la langue, malaxant les mots sept fois pour n'en ressortir que la crème de la crème, sensée, juste et pertinente.

AUJOURD'HUI. Faisant toujours partie de notre langage, ce proverbe est surtout adressé aux enfants lorsqu'ils disent des bêtises. On leur apprend ainsi à ne pas parler sans réfléchir, à concevoir le temps de la pensée et de la réflexion comme habits du langage.

LA PART DE SAGESSE. Il faut mesurer la portée de ses paroles avant de se transformer en moulin à paroles.

MA GRAND-MÈRE DISAIT ÇA, AUSSI

« Être une pie jacasse. »

« Il faut savoir tenir sa langue. »

L'HUMOUR POUR LE DIRE

Le temps de tourner sa langue sept fois dans sa bouche… il n'y a plus un chat !

Du même auteur aux Éditions du Chêne

Expressions félines expliquées, collection « Les subtilités du français », 2017

Expressions amoureuses expliquées, collection « Les subtilités du français », 2017

Expressions amoureuses, 2013

Expressions animalières, 2012

Mes secrets de sorcière, Le grimoire enchanté, 2007

Crédits photographiques

Abréviations : h = haut, b = bas.

© Shutterstock / Patricia Hofmeester p. 4 / lynea p. 7, 15, 31, 47, 50, 60, 65, 68 b, 76, 77 b, 79 h, 83, 84, 101, 105 h, 107, 112, 117, 122 b / Babich Alexander p. 8, 104, 114 / JimmyIurii p. 9 / Elzbieta Sekowska p. 10, 14 h, 21, 41, 56, 57 h, 62 b, 68 h, 93, 109, 123 / Sketch Master p. 11 / Anastasia Nio p. 12 h / Danussa p. 12 b, 32 b / andrey oleynik p. 13, 30, 97, 121 / MoreVector p. 14 b / Gertan p. 19 / Victorian Traditions p. 22 / VArt p. 23 / Hein Nouwens p. 26, 27, 28, 33, 57 b, 66 b, 80, 82 h, 95, 105 b, 113, 125 / Tanya Kart p. 29 / Olga Kostina p. 34 / chippix p. 35, 37 / mamita p. 36 / LiliGraphie p. 38, 40 h, 45, 86 / yulianas p. 40 b / Drakonova p. 42 / Maisei Raman p. 43 / DoubleBubble p. 44, 54 h / Morphart Creation p. 46 h, 67, 78, 99 / IgorGolovniov p. 46 b, 73 h / Alexander_P p. 48 h, 75 h / jenteva p. 48 b / AllNikArt p. 51 b / Anna Chudinovskykh p. 52 / Nata Alhontess p. 53 / Catherine Glazkova p. 54 b / Angorius p. 59 / Solveig p. 61 / dmpank p. 62 h / KateChe p. 64 / Channarong Pherngjanda p. 66 h / Christos Georghiou p. 70 b / zhekakopylov p. 71 / alex74 p. 77 h, 92 / Sergey Goryachev p. 82 b / Marzolino p. 87 / Miiisha p. 91 / p. 100 nata_danilenko / Everett Collection p. 103, 110 / lestyan p. 108 / Olga Rutko p. 119 / Jolygon p. 120.

© Thinkstock / Cannasue p. 75 b / marlenka p. 79 b, 89 / Designer_things p. 6, 25, 72, 94, 106, 116 / FoxysGraphic p. 6, 25, 72, 94, 106, 116 / Ekaterina Romanova, motifs des encadrés.

© Pixaterra / VIARD M. / HORIZON p. 6 / p. 16 / p. 24 / p. 25 / p. 32 h / p. 39 / p. 49 / p. 51 h / p. 55 / p. 58 / p. 63 / p. 69 / p. 70 h / p. 74 / p. 81 / p. 85 / p. 88 / p. 94 / p. 96 / p. 98 / p. 102 / p. 106 / p. 115 / p. 116 / p. 122 h / p. 124 / p. 126.

Images de couverture : © Thinkstock / LiliGraphie (fond vieilli) / toddarbini (dos) / Designer_things (fond violet). 1ère de couv. : © Pixaterra / VIARD M. / HORIZON (enfants dans la neige) / © Shutterstock / Everett Collection (femme au vélo). 4e de couv. : © Shutterstock / lynea (illustration).

PAPIER À BASE DE FIBRES CERTIFIÉES

LAROUSSE s'engage pour l'environnement en réduisant l'empreinte carbone de ses livres. Celle de cet exemplaire est de : 750 g éq. CO_2
Rendez-vous sur www.larousse-durable.fr

Photogravure : Turquoise
Imprimé en Espagne par Industria Grafica Cayfosa
Dépôt légal : février 2018
319976/01-11035868 décembre 2017

Les Éditions Larousse utilisent des papiers composés de fibres naturelles, renouvelables, recyclables et fabriquées à partir de bois issus de forêts qui adoptent un système d'aménagement durable. En outre, les Éditions Larousse attendent de leurs fournisseurs de papier qu'ils s'inscrivent dans une démarche de certification environnementale reconnue.